本专著获得教育部人文社会科学研究“适应产业结构发展的新生代女性农民工就业竞争力构建研究”
（课题编号12YJC790049）项目的资助

适应产业结构发展的新生代女性农民工就业竞争力构建研究

Research on the Employment Competitiveness of the New Generation Female Migrant Workers Adapting to the Adjustment of Industry Structure

国晓丽○著

中国经济出版社
CHINA ECONOMIC PUBLISHING HOUSE
北 京

图书在版编目（CIP）数据

适应产业结构发展的新生代女性农民工就业竞争力构建研究／国晓丽著.
北京：中国经济出版社，2017.9
ISBN 978-7-5136-4788-5

Ⅰ.①适… Ⅱ.①国… Ⅲ.①女性—民工—劳动就业—研究—中国 Ⅳ.①D669.2

中国版本图书馆 CIP 数据核字（2017）第 180384 号

责任编辑 张利影 贺 静
责任印制 巢新强
封面设计 华子图文

出版发行 中国经济出版社
印 刷 者 北京九州迅驰传媒文化有限公司
经 销 者 各地新华书店
开 本 710mm×1000mm 1/16
印 张 13.75
字 数 210 千字
版 次 2017 年 9 月第 1 版
印 次 2017 年 9 月第 1 次
定 价 48.00 元
广告经营许可证 京西工商广字第 8179 号

中国经济出版社 **网址** www.economyph.com **社址** 北京市西城区百万庄北街 3 号 **邮编** 100037

前　言

1980年及以后出生的新生代女性农民工逐渐成为我国经济社会发展中一支不可或缺的生力军，解决好她们的就业问题，不仅关系到她们自身的发展，更关系到一个个家庭的稳定与和谐，乃至下一代子女的教育。

随着经济结构调整的不断深化，产业转型升级对农民工就业的影响日益凸显，许多农民工从传统领域进入一些较新的领域。产业结构的调整及新产业、新业态的出现给新生代女性农民工带来了更多、更新的就业机会，同时也提出了新的要求，而且随着“互联网+”、大数据信息技术的发展，这种变化的速度可能会更快，这就需要新生代女性农民工提高专业知识和技能以尽快适应产业结构发展的变化。客观上需要构建新生代女性农民工的就业竞争力，一方面，有助于她们实现“相对高质量的就业”；另一方面，能够积极主动应对变化，比较顺利地再次就业。

本书以新生代女性农民工这个群体为研究对象，在对相关理论进行梳理和国内外研究综述的基础上，通过统计数据和实地调研获取的一手资料进行实证分析，借鉴国外典型经验的做法后，提出了构建我国新生代女性农民工就业竞争力的中长期和短期措施，并进一步探讨了建立新生代女性农民工职业培训体系的思路。

其中，由于全国关于新生代女性农民工的统计数据的缺失，而四川省相关数据可得，且四川属于劳务输出的大省之一，故论证产业结构与农民工就业的互动关系时，即以四川省为例进行了实证分析。

由于统计年鉴缺少女性农民工的相关数据，更没有关于新生代女性农民工的统计资料，因此，本书通过实地发放调查问卷和个别访谈的方式获得一手资料，试图探讨现实中产业结构调整背景下新生代女性农民工就业问题及其就业竞争力表现状况如何，调研访谈选取北京作为外来女性农民工就业地的代表、福建莆田作为女性农民工本地就业的代表，而安徽省蒙城县和内蒙古自治区翁牛特旗都是县域城镇，有相似性，既针对本地化就业的女性农民工进行调研，也有对外地就业的样本资料，方便进行区域差异的对比分析。在调研分析的基础上提出几个值得思考的问题，包括充分发挥政府在新生代女性农民工就业中的作用，正确认识就业市场中的性别差异，适应产业结构发展构建新生代女性农民工就业竞争力，从人力资本投入出发开展对新生代女性农民工的多元化培训，为后续就业竞争力构建提供了依据和支撑。

本书认为，新生代女性农民工就业竞争力是指作为1980年及以后出生的农村中女性剩余劳动力通过提高综合素质、强化性别意识、进行职业教育培训与再培训掌握职业技能，在城市或农村的非农产业或行业中能够找到发挥才能和实现自身价值的工作岗位及具有持续学习和长期发展规划的综合能力。它包括职业技能、综合素质、社会性别意识和潜在能力四个方面的能力。由于内因是决定性因素，故新生代女性农民工就业竞争力的构建首先需要其自我构建，同时发挥好“政府—社区—企业”这些外因的协同作用。同时，我们建议从中长期和短期来采取相应的保障措施。其中，中长期策略建议通过顶层设计进行立法、设立专门管理机构、建立全国统一联网的公共就业服务信息网络平台等，以此建立一个新的系统的专门为新生代女性农民工服务的制度框架，便于统一高效地为新生代女性农民工提供就业服务、培训等，以实现其顺利持久就业的目标。短期策略，即立足现有的制度体系，特别是依托2014年启动的“春潮行动”实施方案，通过对当前各种需求的农民工进行培训，解决其当下在找工作或工作岗位上的技能提升等问题，其目的是不打破现有的制度体系，而是在现有框架下设计对策。

最后对建立我国政府主导的新生代女性农民工职业培训体系提出建议：一是明确我国新生代女性农民工职业培训体系的顶层设计；二是建立

“政府—企业—职业学校（第三方培训机构）”联动的培训机制；三是重视职业培训的考核与评价；四是保障财政资金的投入，运用财政金融手段探索多元化的资金支持；五是培训内容系统化、层次化；六是探讨适宜有效的培训模式。

目前，我国政府高度重视农民工群体，近些年在历年政府工作报告中多次提及解决农民工子女入学、农民工市民化、农民工职业技能提升培训、农民工工资拖欠、农民工就业创业及农民工在城镇购房等问题。在《国家新型城镇化规划（2014—2020年）》的指导下，新生代女性农民工的市民化及就业等问题应该会得到更好的解决。但只要我国还存在城乡二元结构，她们的就业问题就应该值得关注。希望通过本研究，能够引起社会对新生代女性农民工这一群体的更广泛关注和重视。

目　录

第一章 绪 论

第一节 新生代女性农民工概念的提出

一、新生代女性农民工的相关研究与概念界定

（一）新生代女性农民工的相关研究

改革开放以后，我国经济有了一定程度的发展，工业化、城镇化程度不断加深，农村大量剩余劳动力进入城市寻求就业机会。20 世纪 80 年代，特别是 90 年代，随着“民工潮”的出现，农民工这一群体引起学界的广泛关注，学者们不仅从经济学角度，而且从社会学、教育学、政治学、医学等多学科进行了相应研究，内容涉及农民工就业、收入、健康、消费、犯罪、教育管理、权益保障、城市适应等诸多方面。

随着时间的推移和城市化及经济的进一步发展，伴随改革开放成长起来的农民工逐渐进入人们的视野，进入城市或就近到乡镇企业、中小企业务工。王春光（2001）首次提出了“新生代农村流动人口”这个术语，郎晓波（2009）进一步将农民工划分为“60 后”“70 后”“80 后”三代农民工展开研究，并指出新生代农民工即出生于 1980 年以后、20 世纪 90 年代末期以来开始进城务工的农民工①。依据这个定义，据统计，2010 年，我国农民工总量为 24223 万人，新生代农民工占农民工总量的

① 郎晓波．从“生存”到“发展”：金融危机下的农民工问题——基于“60 后”“70 后”“80 后”三代农民工进城心态的差异研究［J］．福建行政学院学报，2009（4）．

42.4%，约10270.55万人。2016年，新生代农民工占全国农民工总量的49.7%，比2015年提高1.2%，约14000万人。① 可见，我国农民工正在进行代际的转换，“80后”农民工逐渐成为我国农民工总数的主体。因此，从代际转换角度，对新生代农民工的研究在当前阶段具有重要的指导意义和现实意义。

对新生代农民工问题的关注，学者多从代际特征、社会融入、身份认同等角度切入；也有学者关注新生代农民工的价值观、犯罪问题、关系网络、社会支持体系等；还有学者如刘俊彦、胡献忠（2009）以代际理论为着眼点，从省份、行业、性别、年龄阶段、文化程度、政治面貌、婚姻状况、外出务工时间长短、单位属性、月收入水平十个维度对新生代农民工进行了研究分析。此外，还有一些学者侧重于从经济学视角研究新生代农民工的就业问题。2007年11月，在全国培训就业系统工作会议上，原劳动和社会保障部副部长张小建指出，我国的三大失业群体是下岗职工、大学生和新生代农民工。可见，新生代农民工面临着严峻的就业问题。2008年全球金融危机爆发以来，我国包括农民工在内的失业问题较为突出。客观来看，由于我国经济增长中出现了越来越严重的“民工荒”“技工荒”等问题，新生代农民工的失业既有受金融危机冲击的一面，又具有明显的结构性特征。因而解决其就业问题，既要从短期着眼，又要注重长远，杨琦、李玲玲（2011）将新生代农民工的劳动供给问题与经济增长方式的转变结合起来进行探讨，具有重要的现实指导意义。李晓红（2009）、罗恩立（2010）均从提升新生代农民工的就业能力角度进行了分析，并且罗恩立（2012）以上海市的问卷调查为基础，展开了就业能力对于新生代农民工城市融入的影响分析。近年来更多研究视角转入对新生代农民工职业教育或培训的探讨。例如：丁静（2016）提出新生代农民工职业技能必然得到提升，从资金投入、权利享有、过程监管、事后评估几方面构建新生代农民工的职业技能提升机制。

① 数据来源：国家统计局《2010年农民工监测调查报告》和《2016年农民工监测调查报告》。

2010 年 1 月 31 日，国务院发布的 2010 年中央一号文件《关于加大统筹城乡发展力度进一步夯实农业农村发展基础的若干意见》中首次提出了“新生代农民工”这一术语，要求采取有针对性的措施，着力解决新生代农民工问题。国家高度重视这一群体的发展，并且在历年政府工作报告中多次提及解决农民工子女入学、农民工市民化、农民工职业技能提升培训、农民工工资拖欠、农民工就业创业及农民工在城镇购房等问题。

基于社会性别视角对我国劳动力转移理论及农民工问题的研究，主要始于 2003 年。不过此时的研究仍然主要遵循原来研究整个农民工群体时的思路，主要关注点集中在女性农民工的健康、歧视、非正规就业、权益保障、自我发展、生存状况、弱势地位等方面，这时的研究主要从其作为弱势群体的角度展开。21 世纪以来，人们对女性农民工的研究成果突显了其社会性别特点，认为女性农民工并非仅仅在农民工之前冠以“女性”二字，而是一个更为特殊的群体。与男性农民工相比，由于生理性别的差异，女性农民工在职业选择、劳动报酬等方面都有特殊之处；由于社会性别的差异，女性农民工受教育程度不同，在家庭和工作等方面的矛盾更加突出；而由于心理性别的差异，女性农民工在适应能力、幸福指数等方面亦有很大的不同。把“新生代女性农民工”作为主题在中国知网上进行搜索，大约有 200 多篇相关研究，这些对本研究具有重要的参考价值。

（二）新生代女性农民工概念的界定

借鉴他人的研究成果，本研究将新生代女性农民工界定为户籍在农村，出生于 1980 年以后、20 世纪 90 年代末期以来开始进城务工，主要从事第二、第三产业就业的女性农村剩余劳动力①。

① “新生代女性农民工”概念界定借鉴他人的研究成果，并借鉴全国总工会新生代农民工问题课题组《关于新生代农民工问题的研究报告》中对“新生代农民工”的界定。

二、新生代女性农民工的就业数量与结构

（一）新生代女性农民工的就业数量

1. 农民工总量逐年增加，而年增速持续回落后略有提高

农民工是产业工人的重要组成部分，为我国经济建设和社会发展做出了不容忽视的贡献。据国家统计局历年《农民工监测调查报告》数据显示，2010—2016 年以来，我国农民工数量不断增加，农村剩余劳动力向非农产业转移的趋势越发明显。《2010 年农民工监测调查报告》数据表明，2010 年我国农民工总量达 24223 万人，比 2009 年度增长 1245 万人，增长 5.4%。2011 年，农民工数量增长到 25278 万人，增速为 4.4%。2015—2016 年，农民工总人数持续增加至 27747 万人、28171 万人①。如图 1-1 所示。从图 1-1 我们可以看到，2010 年及整个"十二五"期间，农民工总量增速却持续回落，2011 年、2012 年、2013 年、2014 年和 2015 年农民工总量增速分别比上年回落 1、0.5、1.5、0.5 和 0.6 个百分点；而进入"十三五"开局之年的 2016 年，农民工总量增速又有所提升，比上年度提高 0.2 个百分点。

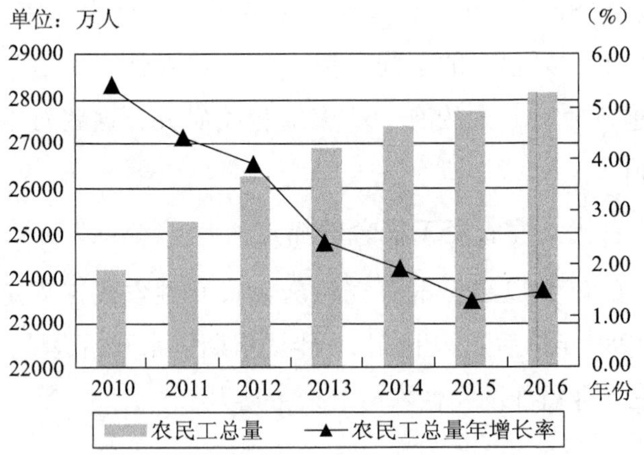

图 1-1　2010—2016 年我国农民工总量及增速

① 数据来源于国家统计局《2010—2016 年农民工监测调查报告》。

2. 女性农民工数量及增速均不断上升

2010 年以来，我国女性农民工在农民工总量中所占的比重均维持在 33%以上，2010—2012 年该比值分别为 34.9%、34.1%、33.6%，2014—2016 年该比值分别为 33%、33.6%和 34.5%[①]。根据计算，2010 年，我国女性农民工人数达 8453.83 万人，到 2012 年增加到 8823.7 万人。此后，2014 年与 2016 年女性农民工人数持续上升，分别增加到 9040.35 万人和 9719 万人，如表 1-1 所示。

表 1-1 女性农民工规模与增速 单位：万人

年 份	农民工总量	女性占比（%）	女性农民工	女性农民工年增长率（%）
2010	24223	34.90	8453.83	缺失
2011	25278	34.10	8619.80	1.96
2012	26261	33.60	8823.70	2.37
2013	26894	缺失	缺失	缺失
2014	27395	33.00	9040.35	缺失
2015	27747	33.60	9323.00	3.13
2016	28171	34.50	9719.00	4.25

数据来源：国家统计局《2010 年农民工监测调查报告》《2011 年农民工监测调查报告》《2012 年农民工监测调查报告》《2013 年农民工监测调查报告》《2014 年农民工监测调查报告》《2015 年农民工监测调查报告》《2016 年农民工监测调查报告》。

3. 新生代农民工数量总体上不断上涨

1980 年及以后出生的新生代农民工已逐渐成为农民工的主体。2010 年，我国新生代农民工占农民工总量的 42.4%，约 10270.55 万人。2013 年，我国新生代农民工占农民工总量的比重为 46.5%，约 12528 万人。2016 年，新生代农民工占全国农民工总量的 49.7%，比上年提高 1.2 个百分点，约 14000 万人。由此可见，自 2010 年以来，我国新生代农民工总量也在不断上涨。

总之，“十二五”期间及 2016 年，从统计数据看，我国农民工总量、女性农民工及新生代农民工数量均呈上升趋势，他们通过非农就业创业等手段对促进我国城市与社会经济的发展发挥着越来越重要的作用。新生代

① 数据来源于国家统计局《2010—2016 年农民工监测调查报告》。

女性农民工更是起着不可小视的作用，对这一群体就业问题及就业竞争力构建问题的研究具有重要的现实意义。

（二）新生代女性农民工的就业结构

1. 农民工第二产业就业比重下降、第三产业就业比重上升，且与产业结构优化趋势相吻合

《2016年农民工调查监测报告》数据显示，2016年，我国从事第二产业的农民工占农民工总量的比例达52.9%，比2015年低了2.2%。其中，制造业从业的农民工比例是30.5%，比2015年下降0.6%；建筑业从业的农民工比例是19.7%，比2015年下降1.4%。从事第三产业的农民工占农民工总量的比例为46.7%，比上年提高2.2%。其中，从事批发和零售业的农民工比例为12.3%，比2015年提高0.4%；从事居民服务、修理和其他服务业的农民工比例为11.1%，比2015年提高0.5%。

纵向比较2013—2016年农民工从业的行业分布情况，如图1-2[①]所示，我国从事第二产业的农民工比重在三次产业中是最高的，不过总体看，这个比重日趋下降，而从事第三产业的农民工比重居三次产业从业的第二位，但该比例正持续上升，与此同时，农民工在第一产业的比重最小，且呈下降趋势。

图1-3显示了我国自2011年以来三次产业的构成情况，2011年第一、第二、第三产业的比为9.4∶46.4∶44.2；2013年，产业结构得到优化，三次产业比例变为9.3∶44∶46.7；2015年，该比例为8.8∶40.9∶50.2，产业结构再次升级。进入到“十三五”的第一年，2016年，我国三次产业之比变为8.6∶39.8∶51.6[②]，产业结构进一步优化。我国三次产业的变化趋势见图1-4。比较图1-2农民工从事行业的分布情况与图1-4我国三次产业的变化趋势，不难发现，随着我国产业结构的不断升级，农民工的就业行业分布与三次产业之间保持了基本一致的变化趋势，这意味着我国农民工就业的行业分布适应了产业结构优化的特点。

---

① 数据根据国家统计局《2013年农民工调查监测报告》《2014年农民工调查监测报告》《2015年农民工调查监测报告》《2016年农民工调查监测报告》中的数据整理而得。

② 数据来源于国家统计局网站，《2011年农民工调查监测报告》《2013年农民工调查监测报告》《2015年农民工调查监测报告》《2016年农民工调查监测报告》。

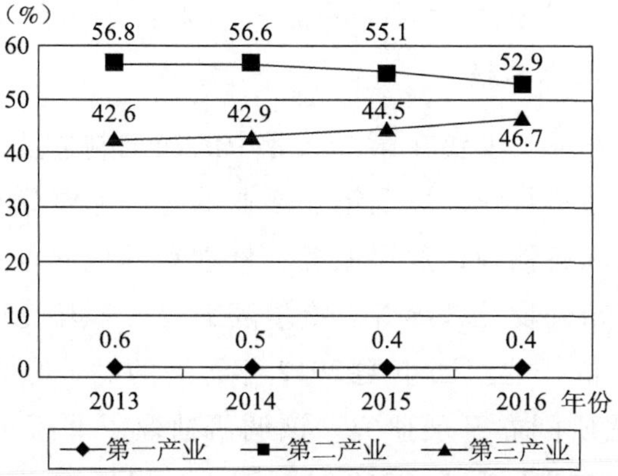

图 1-2 2013—2016 年我国农民工从事行业的分布情况

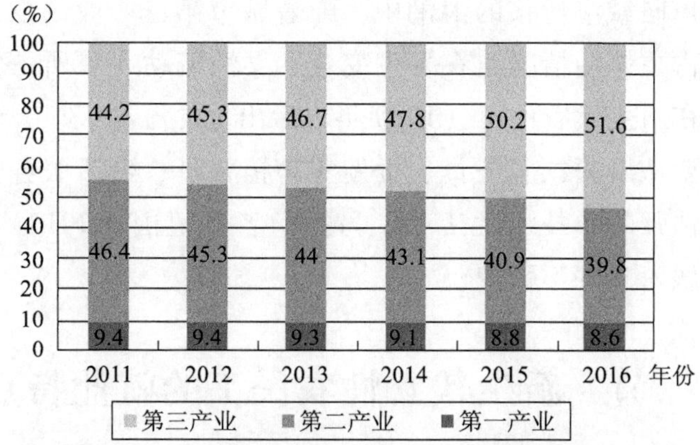

图 1-3 2011—2016 年我国三次产业占国内生产总值的比重

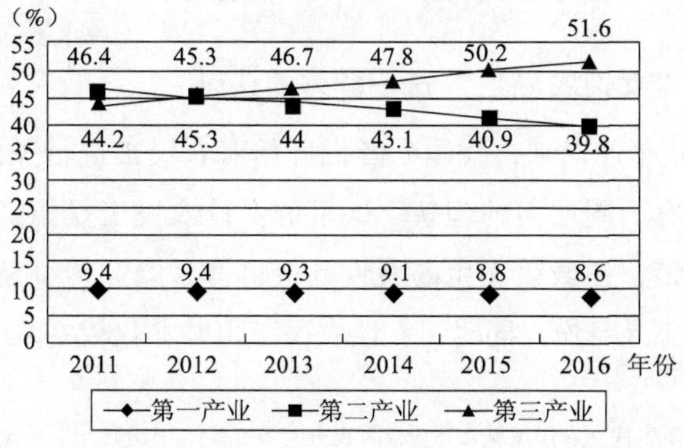

图 1-4 2011—2016 年我国三次产业的变化趋势

2. 新生代女性农民工主要分布在第二产业中的加工制造业及第三产业，且城市融入感不强

新生代女性农民工主要在第二产业中的加工制造业，例如：服装加工制作、玩具制造等行业，以及第三产业就业，主要分布的行业是批发和零售业，住宿和餐饮业，居民服务、修理和其他服务业，例如：家政服务、月嫂、超市理货员，等等。哈尔滨工程大学马克思主义学院教授曹卫国（2017）依托北京团市委2012年开展的“北京市非京籍务工人员发展状况”调研问卷开展研究，该调研抽取了北京市17个区（县）56个街道，发放并收回问卷7268份，其中，男性农民工样本3580份，女性农民工样本3593份，另有95个样本性别数据缺失。研究指出，在当下农村人口向城市迁移的浪潮中，随着城市第三产业的发展，男性在流动人口中占主体的情况正在发生变化，女性流动人口所占比例越来越高，尤其是在新生代农民工（1980年以后出生的流动人口）中。新生代女农民工主要从事餐饮服务员、批发零售销售员、生活服务业家政工等简单、重复性强的非技术性工作。另据学者曹卫国（2017）研究发现，她们的城市融入感并不强。①

第二节 新生代女性农民工的就业特点②

一、从性别视角看女性农民工的从业特点

（一）对“女性农民工”这一群体的认识

20世纪90年代以来，我国学者们开始对农民工进行关注，对女性农民工的定义也有不同层面的理解。这里的女性农民工是指拥有农业户口，从农村进入城镇，在城镇谋生的女性社会群体，既非传统意义上的农民，也不是真正的工人身份。同时，女性农民工也并非仅仅在农民工之前冠以

① 曹卫国．新生代女农民工城市适应性及提升对策［N］．中国妇女报，2017-04-25.
② 国晓丽．我国女性农民工就业特点与对策［J］．现代经济探讨，2010（3）.

“女性”二字，这是一个更为独特的群体。与男性农民工相比，由于生理性别的差异，女性农民工在职业选择、劳动报酬等方面都有特殊之处；由于社会性别的差异，女性农民工受教育程度不同，在家庭和工作等方面的矛盾更加突出；而由于心理性别的差异，女性农民工在适应能力、幸福指数等方面亦有很大的不同。

（二）与男性农民工相比，女性农民工的从业特点

1. 受教育程度相对偏低

传统文化观念是影响女性农民工受教育程度提高的一个深层次因素。受传统家庭“重男轻女”思想的束缚，许多农村家庭对于男孩和女孩的教育重视程度和投资不同，对于女孩子的教育投资少。许多农村家庭女孩是否接受学校义务教育基本根据女孩个人的兴趣和意愿，若她本人也表现出对上学很少的兴趣，基本上她就辍学了。若是男孩子，则家庭成员至少会为阻止他辍学进行动员。加之有些农村家庭认为“女孩子未来是婆家人”，不愿意支持女孩子读书。此外，由于农村提供职业教育的条件受限，或受“男主外，女主内”这一观念的影响，女孩辍学后接受职业教育的情况更是少见。因此，女孩受教育的程度相对低些。中国社会科学院经济所课题组2006年曾对大连、重庆、上海、武汉和深圳五城市的农民工进行了问卷调查。从受教育程度来看，男女两类样本中，受教育程度为“初中”的比例都是最高的，达50%以上。除此而外，男性受教育程度为“高中”的比例最高，达22%；而在女性样本中，“小学”与“高中”分别各占13%左右。女性样本中，小学的比例比男性高将近5个百分点，而高中的比例比男性低10个百分点。从受教育年限来看，男女性的受教育时间分别为9.42年与9.04年，通常都仅仅完成9年制义务教育①。从国家卫生和计划生育委员会2014年“中国流动人口发展调查”数据来看（见表1-2），在被访问的农民工中，受教育程度在初中及以下水平的女性农民工占比达

① 中国社科院经济所课题组．农民工就业市场中的性别差异［N］．中国社会科学院院报，2007-02-13.

76.5%，男性占比达74.2%，可见在基础教育阶段，女性农民工受教育程度低于男性。该调查数据中，农村户籍流动人口169650人，男性比例为53.7%，女性比例为46.3%，男女样本比例大体平衡。从表1-2可以看到，小学文化或是未上过学的女性农民工明显多于男性，而初中和高中教育水平的数量却比男性低。这一方面说明女性农民工辍学率比男性高，另一方面也说明女性农民工接受高等教育的机会比较少。

表1-2　被访问男女农民工受教育程度情况统计（%）

		被访问农民工受教育程度						
		未上过学	小学	初中	高中	中专	大学专科	大学本科
被访农民工性别	男	1.2	13.1	59.9	16	4.8	3.8	1.2
	女	2.6	16.8	57.1	12.9	5.5	3.9	1.2

数据来源：根据国家卫生和计划生育委员会“2014年中国流动人口发展调查”的数据整理。

2. 职业选择不同，前景不乐观

由于先天的生理特点和身体素质不同、受教育程度的差异，男女农民工的职业选择明显不同。女性农民工由于文化程度偏低，缺少专业技能，缺乏竞争力，多数从事着技术性不高、简单重复的操作性工作。她们主要集中于纺织、服装、印刷、食品加工、玩具、电子等劳动密集型轻工业或者保姆、家政服务、餐饮、娱乐、休闲服务员、售货员等服务业，其向上层职业流动的机会远少于男性。从她们所从事的轻工业看，通常工作强度大，工作环境差，工资福利与劳动付出不成比例，其业余时间少且娱乐活动很少。从她们所从事的服务业来看，大多要求年轻和形象好，职业生涯短暂，竞争激烈，而且地位低微。在这些行业就业，工作没有发展前景，没有收入高和地位高的职业做保障，女性农民工的城市生存状况可想而知。

3. 劳动报酬不同，往往同工不同酬

通常女性农民工比男性农民工的劳动报酬低。蒯鹏州和张丽丽（2016）根据北京师范大学经济与工商管理学院于2013年7—9月展开的

“进城务工人员生存状况调查”数据的分析发现，农民工的工资收入以2001~3000元/月为主，占比为43.89%，其中，女性农民工月平均工资为2031.9元，男性农民工月平均工资为2601.4元，相比而言，女性农民工月平均工资较男性要低28个百分点[①]。李国正和王一旻（2017）的研究结论也证实了男女农民工工资存在较大差异，他们的研究发现，虽然女性农民工的工作时间和男性相差不大，但其小时工资存在较大的性别差异，女性农民工小时工资比男性要低24%左右[②]。

首先，由于行业不同或受教育程度不同会引起劳动报酬的差异。通常，男性农民工从事建筑业、运输业、制造业、野外施工等艰苦行业的工作或从事管理和技术性工作，因行业艰苦或脑力劳动含量高，因而报酬相对较高。其次，许多用人单位从利益最大化角度出发，存在性别歧视，男女农民工存在同工不同酬的现象。很多单位认为，招收女性农民工要承担更多的人力资本，女性的生理、生育、照顾家庭等因素的存在都会增加用人单位的成本，而且在相同的福利待遇下，女性农民工创造的财富可能相对较少。她们甚至会因为生育、哺乳的情况随时中断工作。这些情况都会让企业减少招用或不招用女性农民工。即使招用女性农民工，也尽可能压低报酬。

4. 家庭分工与社会分工的表现不同，女性农民工精神压力大

受传统家庭“男主外、女主内”模式的影响，许多女性农民工在从农业中分离出来进城务工后，其经济地位和社会地位有了很大程度地提高，同时，她们又承受着家庭和社会的双重压力。不仅承受着巨大的就业压力，还要承担起在家庭中的劳务、生育、抚养子女或照顾老人的责任。若将女性农民工分为未婚和已婚两类，也表现出类似的特点。对于未婚女性，其在家庭子女中的排序、家庭责任的大小、家庭的经济境况

① 蒯鹏州，张丽丽．农民工性别工资差异及其成因的解释——歧视的贡献到底有多大［J］．农业经济问题，2016（6）．

② 李国正，王一旻．人口红利消失背景下农民工收入与就业率的性别差异研究［J］．宁夏社会科学，2017（1）．

等方面，影响着其对于家庭的责任与义务，在很大程度上也决定了其外出务工的自我选择度的高低。已婚妇女随着其生育行为的发生会暂时退出劳动力市场，但孩子稍大些后，她们往往将孩子托付给老人，自己外出务工，尤其是其丈夫也在外务工，其流动性隐含着家庭选择的因素。

5. 幸福感低，城市生活融入度不高

所谓幸福指数是指农民工对自己所在城市的生活和工作状态的心理满意程度，是一种主观心理感受。幸福指数与其自身的心态、价值观密切相关。女性农民工由于在工作中存在性别歧视、进城后面临的机会选择增多、收入偏低、个体的差距等方面的原因，与男性农民工相比，会表现出更多的困惑和彷徨，幸福感低于男性。《农村迁移工人在城市劳动力市场表现方面的性别差异》的课题报告指出：在身体健康和心理健康方面，女性农民工都比男性更不乐观。有43%的女性农民工表示自己经常“心情烦躁”，这一比例比男性农民工多5.5%[①]。甘哲（2017）结合北京团市委2012年开展的“北京市非京籍务工人员发展状况”调研数据，发现在经济层面，新生代女性农民工较低的收入只能满足基本的衣食住行的消费，每月结余比较有限；在社会层面上，新生代女性农民工社会交往主要局限于与同乡、同事等同是外来打工者的人交往，社区活动参与率低于男性，对社团组织活动、社区管理等方面的参与度也很有限，有明显的封闭性和有限性；心理层面上，其自我身份认同呈现出边缘化倾向，对城市存在着一种不认同的疏离感；从居留意愿上看，仅有接近30%的新生代女性农民工明确表示要留在北京，10%多表示要离开北京，其他人则是一种不确定的态度。可见，新生代女性农民工对城市生活存在疏离感，社会融入度不高[②]。

① 中国社会科学院经济所课题组．《农村迁移工人在城市劳动力市场表现方面的性别差异》报告，2008.

② 甘哲．新生代女农民工城市生活融入感亟待提高［N］．工人日报，2017-05-11.

二、不同代际女性农民工的从业特点分析

（一）农民工的代际划分

综观农民工的发展历程，我们发现，农民工群体内表现出很大的阶段性差异。与老一代农民工相对应，2001 年，学者王春光首次提出了“新生代农村流动人口”这一概念，2003 年又将其修正为两层含义：一是年龄在 25 岁以下，在 20 世纪 90 年代外出务工经商的农村流动人口，与老一代农村流动人口在社会阅历上有着明显的差别；二是与第二代农村流动人口相区别，因为他们不是老一代农村流动人口在外出过程中出生和成长起来的，而是介于老一代和第二代之间过渡性的农村流动人口[①]。郎晓波（2009）将农民工划分为“60 后”“70 后”“80 后”三代进行了研究。其中，第一代即为 20 世纪 50、60 年代出生，80 年代或 90 年代初进入城市的农民工群体；过渡一代指 20 世纪 70 年代出生、90 年代初期进城的农民工；新生代是出生于 1980 年以后，20 世纪 90 年代末期以来开始进城务工的。综合以上几种观点，为表述方便，我们将女性农民工群体分为老一代（“60 后”“70 后”）和新生代（“80 后”“90 后”）农民工。目前，我国农民工正在完成代际的转换，“80 后”新生代农民工已逐渐成为我国农民工总数中的主体。本研究中将新生代女性农民工界定为户籍在农村，出生于 1980 年以后，20 世纪 90 年代末期以来开始进城务工，主要从事第二、第三产业就业的女性农村剩余劳动力。

（二）与老一代农民工相比，新生代农民工的从业特点

1. 不同代际之间行为选择的特征不同

老一代农民工和新生代农民工之间存在明显的性别差异。新生代农民工中女性的比例较高，而老一代农民工则相反。老一代女性农民工通常文化素质较低，其中，“60 后”农民工以务农为主，在农闲时才进城务工，

① 罗霞，王春光．新生代农村流动人口的外出动因与行动选择［J］．浙江社会科学，2003（1）．

以改善家庭的经济状况；“70后”女性农民工受教育程度比上一代偏高，她们通常有一定的务农经历，但主要倾向于在城市打工，尤其是已婚女性其丈夫在外打工的情况下她们更愿意一起出去打工；“80后”“90后”女性农民工的特征主要是：受教育程度较老一代农民工有所提高，基本没有务农经历，从学校出来后就进入城市打工。老一代和新生代的特征总结起来表现为由亦工亦农到全职非农，从城乡流动到融入城市，从谋生存到求发展。

2. 不同代际间进城打工心态和动机不尽相同

老一代农民工进城打工的目的很单一，即将出外赚钱作为首要目标。新生代农民工进城打工则不纯粹以挣钱为主要目标，他们更多地将进城、就业考虑进来，除挣钱目的外，还包括“锻炼自己”“长见识”“学一门技术”等。《中国青年报》2006年曾有一项针对珠三角农民工的调查，指出“80后”农民工已经成为珠三角农民工的主体，他们的工作观与老一代完全不同。统计结果表明，“80后”农民工以“出来挣钱”为主要目的的只占18.2%。而选择“刚毕业，出来锻炼自己”“想到外面玩玩”“学一门技术”和“在家乡没意思”的人共占到71.4%。与此形成鲜明对比的是，其他年龄段的农民工大部分是以“出来挣钱”为主要目的。20世纪50年代出生的有55.6%选择了“出来挣钱”，20世纪60年代出生的这一比例则是76.2%，20世纪70年代出生的这一比例为34.9%。①

3. 不同代际之间对城市的融入感不同

老一代农民工对农村和土地比较留恋，尤其是“60后”女性农民工，其在打工之余仍打算回到家乡。“70后”女性农民工对城市的融入感要高于第一代。她们大多已婚、有小孩，仍表现出举家迁移城市的倾向。而“80后”“90后”新生代女性农民工虽然在城市的工作生活比较艰难，但她们基本没有了父辈那种对土地的依恋，基本没有务农的经历，开始从内

① 杜洁，刘小京，罗沛霖．“80后”成珠三角农民工主体仅18.2%为挣钱［N］．中国青年报，2006-09-11.

心认同城市的生活方式和价值观念，表现出强烈的城市定居意愿、较强的城市适应性和融入能力。

4. 不同代际的就业途径不同

老一代女性农民工最初更多的是从事苦、累、脏等城里人当时不愿干的工作，现在，新生代女性农民工的就业方式是多元化的，许多工作虽辛苦，但相对较为干净，对技术要求不高，多为劳动密集型制造业或服务业。她们可以在短期内学会并掌握基本的技能，能够在城市生存下来。与老一代相比，她们对城市有比较强的认同感，她们的适应能力比较强，即使工作的不稳定性常常让她们面临换工作的境遇，她们仍会留在城市寻找其他工作机会或者到其他的城市寻找新的工作机会，而不大愿意选择回到农村。

第二章　相关理论支撑

第一节　产业结构升级的相关理论

一、马克思的产业结构理论

马克思使用“产业”一词来分析从事物质生产的工业部门或行业。马克思认为，在社会资本再生产理论中，社会再生产的核心问题是社会总产品的实现，而在价值形态上，社会总产品分为不变资本（C）、可变资木（V）和剩余价值（M）三部分；在实物形态上，按产品用途不同，将社会物质生产部门分为生产生产资料的第一部类（Ⅰ）和生产消费资料的第二部类（Ⅱ）两大部类。

马克思在分析社会再生产条件时，认为各产业部门之间应该均衡发展，将社会再生产分为简单再生产和扩大再生产。他认为，在简单再生产条件下，应该保持Ⅰ（V+M）=ⅡC，从实物形态上看，即第Ⅰ部类生产的生产资料以及第Ⅰ部类和第Ⅱ部类在生产过程中所消耗的全部生产资料在总量上应该相等；第Ⅱ部类生产的消费资料的总和应该和第Ⅰ部类以及第Ⅱ部类所需要的消费资料之和相等。在扩大再生产条件下，第Ⅰ部类产品在补偿第Ⅰ、第Ⅱ部类生产资料消耗后的余额应该等于两大部类所追加的生产资料，同时，第Ⅱ部类产品在补偿两大部类现有生活消费后的余额应该等于第Ⅰ、第Ⅱ部类因扩大再生产而增加的消费需要，在这种情况下社会再生产才能顺利进行[①]。

马克思的社会资本再生产理论中蕴含了产业结构优化升级的思想，体现在三个方面：

第一，各个产业内部的优化升级。马克思的再生产理论中两大部类之间的关系比较好地揭示了第二产业与第一、第三产业之间的关系。在现实经济生活中，通常根据第一产业（农业）、第二产业（工业和制造业）和第三产业（服务业）来划分及组织生产。按产品的最终用途，第二产业主要提供生产资料，第一和第三产业则主要提供消费资料。马克思的再生产理论虽没有着重考察第三产业的作用，但其为指导实现第一、第二产业之间及其内部的合理调整，对我国产业结构的优化升级有着重要的指导作用。

第二，产业结构在优先增长部门带动下的优化升级。马克思认为，一个产业的优化升级不仅能够带动其他产业的发展，还可能衍生出新的产业。一般而言，工业的优化升级，不仅会引导传统农业向现代农业发展，吸引劳动力的转移，还会促进以服务业为主的非生产性劳动部门的发展。

第三，各个产业协调发展的产业结构优化升级。马克思认为，生产资料生产的优先增长，并不代表生产资料生产可以脱离消费资料生产而独立实现。原因在于，首先，第一部类的生产发展中所追加的劳动力对消费资料的需要，只能依赖第二部类的增长；其次，第一部类生产的发展，最终是为了满足第二部类对生产资料的需要。这就意味着，各个产业必须相互促进、相互依存地协调发展[②]。

可见，马克思虽没有自成体系的产业结构理论，但其经济学中蕴涵着产业结构理论的雏形。在其社会资本再生产理论中，已认识到了产业之间的划分，并认为产业部门之间应该均衡发展，总体来看，这本身就是对产业结构认识的一种进步。

---

① 相征．产业结构调整与农民工就业研究——以黑龙江省为例［D］．长春：东北师范大学，2014.

② 郝奇，赵军．马克思的结构理论与我国产业结构调整［J］．商场现代化，2011（12）.

二、配第—克拉克定律

产业结构演进理论可追溯到17世纪的英国经济学家威廉·配第。在代表作《政治算术》中，威廉·配第指出：制造业比农业，进而商业比制造业能够得到更多的收入。他还指出，当时的荷兰由于大部分人都从事制造业或商业，因此，荷兰人均收入大大高于欧洲其他国家。配第的这一发现指出各产业劳动生产率提高以及从低生产率向高生产率产业转移，是推进经济发展的根本机制。

受威廉·配第观点的启发，英国经济学家科林·克拉克对产业结构理论做了开拓性研究。他依据费希尔提出的三次产业分类法，在其1940年出版的《经济进步的诸条件》一书中，通过对40多个国家不同时期的三次产业的劳动投入与总产出资料的整理和比较，指出随着全社会人均国民收入水平的提高，劳动力首先由第一次产业向第二次产业转移；当人均国民收入水平进一步提高时，劳动力便向第三次产业转移①。即随着生产力的发展、科技的进步，三次产业将呈现出第二产业的就业人数超过第一产业、第三产业的就业人数将超过第二产业的特点。三次产业结构在就业人口分布上呈现出的这种定律，称为配第—克拉克定律。

近半个多世纪以来，无论是在发达国家，还是发展中国家，三次产业和人口分布都证实了配第—克拉克定律。

三、库兹涅茨的产业结构演变规律

20世纪60—70年代，美国经济学家西蒙·库兹涅茨对经济增长中的产业结构变化做了深入研究。在其《各国的经济增长》和《现代经济增长理论》中，以产业内部结构的变化情况作为研究主题，深入分析了不同经济水平国家的同一时间序列的横截面数据和一个国家经济发展不同时期的时间序列的纵截面数据，总结了产业结构变动的规律。

① 汤斌．产业结构演进的理论与实证分析——以安徽省为例［D］．成都：西南财经大学，2005.

库兹涅茨指出，大多数国家农业部门的比较劳动生产率均呈下降趋势，最终会降到小于1的程度；工业部门的比较劳动生产率会呈现上升趋势，并将保持大于1的状态；服务部门的比较劳动生产率则呈先下降后上升的趋势，因为服务部门的增加值增长缓慢，但吸收劳动力的能力却极强，因此，会造成相对比例的降低。同时，库兹涅茨还对服务部门的内部结构变化情况做了简要的分析。他认为，20世纪50年代中期，发达国家的商品贸易、公共服务和金融服务等行业的增加值在服务业产值中的比重将会增大①。

四、霍夫曼定律

德国经济学家霍夫曼对工业化尤其是重工业化问题进行了开创性研究。1931年，其在代表作《工业化的阶段和类型》中，对英国产业革命以来近50年20多个国家的工业化进行了实证分析，1958年，又在其出版的《工业经济的成长》中，进一步阐述了工业部门之间结构变动的一般类型。他指出，由于工业化过程中各工业部门的成长率不同，因此，形成了工业部门间特定的结构变化。他认为，工业化进程中，消费品部门的增加值与资本货物部门的增加值的比例不断下降，产业结构将不断地由轻工业向重工业演进②。

为了便于分析，他提出一个基准——霍夫曼比率，使分析研究各国工业化的进程有了统一的标准。霍夫曼比率等于消费品工业净产值与资本品工业净产值之比，用公式表示为：

霍夫曼比率=消费品工业净产值/资本品工业净产值

霍夫曼观察了20多个国家8类产品的消费品工业和资本品工业的比重变化情况，发现了一个共同趋势，即资本品工业净产值在整个工业净产值中比重稳定上升，并呈现出大体相同的阶段性质。于是，霍夫曼将工业化过程分为四个阶段。

---

① 李元．我国第三产业及内部结构动态变化实证研究［D］．长春：吉林大学，2014.

② 刘小瑜．中国产业结构的投入产出分析［M］．北京：经济管理出版社，2003.

第一阶段的工业化过程表现为：消费品工业的生产占主导，资本品工业的生产不发达，霍夫曼比率为5（±1）。

第二阶段的工业化过程表现为：资本品工业发展迅速，但其发展规模小于消费品工业，霍夫曼比率为2.5（±1）。

第三阶段的工业化过程表现为：大体上资本品工业达到了与消费品工业相当的程度，依然保持快速增长的态势，霍夫曼比率为1（±0.5）。

第四阶段的工业化过程表现为：资本品工业的生产已占主导地位，基本实现工业化，霍夫曼比率为1以下①。

五、钱纳里“标准产业模型”理论

20世纪50年代，美国经济学家钱纳里和赛尔奎因通过实证研究提出了“标准产业模型”理论。该理论指出：随着经济的持续增长，结合经济发展、社会进步、资源禀赋、贸易规模等因子的影响，产业结构的变动表现出了惊人的一致性，这个一致性的结构变化就是“标准产业模式”②。

钱纳里和塞尔奎因指出，在工业化演进过程中，发达国家第一产业的产值和劳动力开始向第二产业转移，而且转移速度基本同步，当第二产业增加值提高时，农业剩余劳动力开始向工业部门转移，以英国为代表国家。发展中国家在经济发展的过程中，第一产业也会向第二产业转移，但是产业结构的转换普遍先于就业结构的转换。当工业化刚刚起步时，增加值的比重会比就业人口占整个劳动力的比重高25%左右，当人均GDP突破1500美元后，才会进入产业结构和就业结构同步调整的状态。产业结构与就业结构的不协调，主要反映在现代部门产值相对于传统农业部门非常高，而现代部门就业的劳动力比例偏低。其原因主要在于发展中国家在经济建设过程中引进很多发达国家的先进技术，现代工业部门创造产值的能

---

① 汤斌．产业结构演进的理论与实证分析——以安徽省为例［D］．成都：西南财经大学，2005.

② 李元．我国第三产业及内部结构动态变化实证研究［D］．长春：吉林大学，2014.

力大大高于创造就业机会的能力①。

该理论进一步提出，任何一个国家产业结构都会随着人均生产总值的上升而变化。当国民生产总值不断增加时，一个国家的物质基础和人力资本的投入也会不断增加，导致居民的消费结构发生较大变化。居民逐渐减少对农业部门产品的需求，开始消费工业产品和服务产品，并开始对教育、医疗等公共服务产生需求，进而促进第三产业的发展。②

第二节　农村剩余劳动力转移理论

一、刘易斯二元经济模型

1954 年，美国著名经济学家、诺贝尔经济学奖获得者阿瑟·刘易斯在其《无限劳动供给下的经济发展》一文中创造性地提出了二元经济中农村劳动力转移模型，他认为，在发展中国家中存在城市的工业部门和农村的农业部门二元经济结构。城市部门的劳动力生产率较高，且对劳动力的需求较大，而农村部门的劳动力生产率较低，且劳动力供给过于旺盛，这样就存在资源的不合理配置等情况。③ 刘易斯认为，农村剩余劳动力的存在正是由于城乡二元经济结构的存在，即城市中的工业部门存在着需求，而农村中的农业部门存在着过剩的供给，所以这必然会使得农村剩余劳动力向城市转移，以达到供给与需求的均衡状态。城市雇佣农村劳动力以较低的成本便可以满足对劳动力的需求，同时，农村劳动力可以获得比原来更高的工资，这对于城市部门和农村部门都是有利的，因而城市部门会持续吸纳农村剩余劳动力，这意味着，城市的工业部门需要源源不断的农村劳

---

① ［美］钱纳里，塞尔奎因．发展的型式：1950—1970［M］．李新华，等，译．北京：经济科学出版社，1988.

② 李元．我国第三产业及内部结构动态变化实证研究［D］．长春：吉林大学，2014.

③ 相征．产业结构调整与农民工就业研究——以黑龙江省为例［D］．大连：东北师范大学，2014.

动力，二元经济逐步向一元经济过渡①。

刘易斯二元经济模型提出的二元经济结构比较适用于发展中国家，为我国农村剩余劳动力转移提供了理论基础，是符合我国国情的。刘易斯的二元经济理论阐明了城镇的工业部门对农村劳动力的吸纳作用，农村的收入增加依赖于劳动力的有效流动。不过刘易斯模型也存在着不足，比如：其假定条件是城镇不存在失业，城镇在吸收农村剩余劳动力时工资率是不变的，这些假定条件在现实中应用会有限制。

二、拉尼斯—费景汉模型

1961 年，美国发展经济学家古斯塔夫·拉尼斯（Gustav Ranis）和美籍华人发展经济学家费景汉（John C. H. Fei）在《经济发展理论》中提出并从动态角度研究了农业和工业均衡增长的二元结构理论。他们在刘易斯模型基础上进行了研究，认为刘易斯模型具有缺陷，指出刘易斯模型过分强调了城市部门对农村劳动力的吸纳能力，在刘易斯模型的基础上进行了完善。他们认为，因农业生产率提高而出现农业剩余是农业劳动力流入工业部门的先决条件。他们提出要充分注重农业的技术进步对劳动力转移带来的影响，农业的技术进步使得农业所需的农村劳动力数量减少，从而产生了闲置下来的劳动力。城市的工业部门对农村劳动力的需求不具有完全的弹性，而是具有有限的弹性。农村剩余劳动力转移不仅是由于农村劳动力的过剩以及城镇对劳动力需求的增加，更是由于技术的进步使得第一产业生产率提高，导致一部分农村劳动力闲置，迫使他们向城镇转移。农业的技术进步对农村劳动力有着决定性的作用，所以应大力提高农业生产技术水平②。

不过，拉尼斯—费景汉模型也存在一定不足，它和刘易斯模型一样，认为城市的工业部门是完全就业的，这也与现实情况不符。

---

①② 张璐．我国农村劳动力转移问题分析——基于刘易斯·费·拉尼斯模型与托达罗模型[J]．现代商贸工业，2010（21）．

三、托达罗模型

1969年，美国著名经济学家托达罗提出了托达罗人口流动模型。托达罗认为，农村剩余劳动力向城市转移是根据对城乡实际工资差距和农村劳动力在城市就业岗位的“预期”收入最大目标做出的，而城乡之间的差距是客观存在的，只有在城市的预期收入高于农村的预期收入，才会促使农村剩余劳动力向城市非农产业转移。①

托达罗人口流动模型是对拉美国家农村劳动力流动和城市就业的情况进行的研究，因此，更适合于拉美地区的条件和环境。但该模型在解释发展国家中农村劳动力向城市迁移与城市失业并存的现象时，对其他的研究产生了重要的影响。托达罗认为，发展中国家应该主要通过扩大农村就业机会，缩小城乡间的不平衡。发展中国家应注重小规模劳动密集型产业的发展。此外，托达罗人认为，要重点发展工业部门，更要大力发展农村各项事业经济。②

第三节　人力资本理论

亚当·斯密和马歇尔都提出过“在各种投资分析中，对人本身的投资是最有价值的”的论断，但受时代的局限，他们未能对这一观点深入探讨并展开论证。现代西方人力资本理论兴起于20世纪五六十年代，通常而言，人们以舒尔茨在1960年美国经济学年会上的“人力资本投资”演讲作为现代人力资本理论诞生的标志，也作为人力资本概念被正式纳入主流经济学的标志。在同时期，许多经济学家对此进行了研究，并做出了重要贡献。其中，最主要的贡献者为舒尔茨和贝克尔。舒尔茨最早提出了人力资本理论体系，

① Todaro Michael. P. A. Model for Labor Migration and Urban Unemployment in Less Developed Countries [J]. American Economic Review, 1969.

② 相征. 产业结构调整与农民工就业研究——以黑龙江省为例 [D]. 大连：东北师范大学，2014.

对经济发展的动力做出了全新解释，贝克尔为人力资本理论分析提供基本理论框架，使得这一领域的研究获得了不断进展的逻辑结构。

一、舒尔茨的人力资本理论

西奥多·W·舒尔茨的人力资本理论，在学术界占有重要地位。舒尔茨认为，人力资本投资是知识的人力资本投入，舒尔茨在针对发展中国家农业经济增长的研究中发现，生产力发展、经济增长的真正动因是人力资本本身存在的经济价值。该理论的主要观点是："人力"也是一种资源，人力、人们的知识和技能是资本的一种形态，舒尔茨称之为人力资本，并进一步指出人力资本的形成有教育、培训、医疗保健和迁移等方式。"人力"是有"成本"的，它在社会进步、科技发展和生产中发挥着巨大作用①。

舒尔茨采用收益率法测算了1929—1957年美国"教育"投资这种人力资本投资方式对经济增长的贡献，该比例高达33%。这个结果后来被广泛引用，也引起各个国家对教育的高度重视。1963年，舒尔茨在出版的《教育的经济价值》一书中，系统而全面地研究了教育的经济成分、教育费用和教育的经济价值等问题。

舒尔茨人力资本理论的贡献在于：他第一次明确地阐述了人力资本理论，使人力资本理论发展成为经济学上的一个新的门类，而且进一步研究了人力资本形成的方式和途径。同时，对教育投资的收益率以及教育对经济增长的贡献做了定量分析。因此，舒尔茨被誉为"人力资本之父"。②

二、贝克尔的人力资本理论

1964年，加里·S·贝克尔出版《人力资本：特别关于教育的理论与经验分析》一书，贝克尔从家庭生产和个人资源（特别是时间）分配角度系统地阐述了人力资本与人力资本投资问题，为人力资本的性质、人力资

---

① ［美］西奥多·W·舒尔茨．人力资本投资——教育和研究的作用［M］．蒋斌，张蘅，译．北京：商务印书馆，1990.

② 李雪峰．人力资本理论研究及其对中国的启示［D］．西安：西北工业大学，2002.

本投资行为提供了具有说服力的理论解释。该书被人们视为现代人力资本理论最终确立的标志。

贝克尔对人力资本理论的贡献在于他对人力资源的微观经济分析。他对家庭生育行为的经济决策和成本—效用分析，以及提出的孩子的直接成本和间接成本概念，家庭时间价值和时间配置，家庭中市场活动和非市场活动的概念，令人耳目一新。他对人力资本形成方面、正规教育、在职培训和其他人力资本投资的支出与收入以及年龄—收入曲线等问题展开分析，强调教育与培训对形成人力资本的重要作用。贝克尔的研究方法和研究成果颇具开创性，为人力资本理论的发展奠定了良好的基础。①

贝克尔对培训问题也进行了深入分析。他认为，培训包括一般培训和特殊培训。所谓一般培训，是指被培训者所获得的知识和技能具有一般性用途的培训。大多数接受培训者的未来边际生产力都得到了提高。特殊培训又称专门培训，是一种能更大地提高提供培训的企业的生产率的培训。一般培训由被培训者自己付费，而特殊培训者主要由培训者支付费用。这是因为经过特殊培训而获得专用性人力资本的被培训者，能够给培训者带来更多利润和效用，使整个组织的劳动生产率提高。此外，接受特殊培训的人员对自己获得的特殊人力资本的未来市场选择空间和收益具有理性预期，因而不可能激发对这种培训自己付费的动机②。

第四节　就业竞争力理论

一、竞争优势理论

迈克尔·波特教授在总结亚当·斯密的绝对优势理论、李嘉图的比较优势理论、赫克歇尔·俄林的要素禀赋论等前人的理论上提出了竞争优势

① Gary S Becker. Investment in Human Capital: A Theoretical Analysis [J]. Journal of Political Economy, 1962 (10).

② 田传江. 人力资本理论的演进 [D]. 大连：东北财经大学，2003.

理论，该理论是现代竞争理论的权威。竞争优势理论开创性地从产业层面对竞争优势进行了阐述，理论系统介绍了著名的“五力竞争模型”和“钻石理论”两个理论。五力竞争模型论述了行业内企业获利能力的各种因素，针对如何获取竞争优势提炼出了成本领先、差异化及专一化三大竞争战略。钻石理论主要论述了一国产业在国际竞争中获得成功的可能性，该理论认为，一国资源与才能要素、需求条件、关联和辅助性行业以及战略、结构和竞争企业是取得竞争优势的重要因素，同时，机遇和政府行为两个辅助要素也至关重要。竞争优势理论给研究产业竞争力打下了坚实的理论基础，对后来学者的研究提供了理论支撑。

二、核心竞争力理论

核心竞争力的概念起源于1990年美国学者普拉哈拉德（Prahalad）和英国学者加里·哈末尔（Hamel）在《哈佛商业评论专刊》上发表的《企业的核心竞争力》一文，将核心竞争力总结为：企业在生产经营过程中累积起来的基本经验，特别是关于如何将不同生产企业的多种技术分类进行归纳的基本经验，通过经验的积累逐渐形成击败竞争对手并能带来一定商业价值的专门能力。[①] 即核心竞争力就是企业以技术能力为核心，经过长时间的学习而积累起来的各种资源的整合。

自从普拉哈拉德和哈末尔首次提出核心竞争力的概念后，许多学者把此理论引入经济、管理以外的几乎所有领域，就业核心竞争力概念也是由核心竞争力理论衍生而来的。近年来，随着就业市场人才竞争的日益激烈，高校大学生就业核心竞争力越来越成为国内外学者们研究的重要课题。就目前国内对大学生就业核心竞争力的研究而言，关于就业核心竞争力的含义和界定众说纷纭，学界还没有形成一个统一的认识。有学者认为，高校毕业生的就业核心竞争力是指高校毕业生在就业市场上所拥有的有价值的、独特的、不容易被竞争对手模仿和替代的竞争能力，是与竞争

① 李芳欣．新生本科院校大学生就业核心竞争力培育研究［D］．石家庄：河北师范大学，2014.

对手相比表现出的一种竞争优势，是能够帮助其在适当的工作岗位中发挥和实现自身价值的核心能力；有学者认为，就业核心竞争力是以个人拥有的知识技能为基础，在不断学习的过程中发挥创新精神，充分体现资源要素的作用并使自身获得持续竞争优势的能力；还有的学者认为，大学生就业核心竞争力的含义包括潜能观、知识技能观、创新观、综合素质观和整合观五观。以上研究观点均对本研究具有重要的借鉴作用和参考价值。

第三章　国内外研究综述

第一节　产业结构与就业的研究综述

一、产业结构升级促进就业结构的研究

作为就业的载体，产业结构的变化在一定程度上决定着就业结构的调整。早在17世纪，威廉·配第就指出，各产业间的收入差距导致了劳动力在不同产业间的流动，劳动力的流向与产业结构升级的路径一致。该结论得到了科林·克拉克（1940）的论证，并形成了著名的配第—克拉克定理，揭示了产业结构演变与劳动力的变动规律，即随着人均国民收入水平提高，劳动力由第一产业向第二产业，再向第三产业逐步转移。库兹涅茨在克拉克研究的基础上进一步指出，工业化不断推进的进程就是产业结构升级的过程，其中伴随着就业结构的变化。钱纳里—赛尔奎因研究认为，发展中国家的产业结构与就业结构虽然在工业化的进程中具有一定的特殊性，但长期趋势与发达国家是一致的，而且产业结构变化通常先于就业结构变化。Hoffman（1990）从微观角度出发，认为发展重工业化是一个国家进行工业化的必经阶段。重工业能够吸收先进资本和技术，可以为经济增长提供强劲动力，促进资本深化，进而促进就业的增长。David Galenson 和 Ariel（1994）则从宏观角度研究发现，与劳动密集型企业相比，发展资本密集型企业所节约的资本可增加储蓄率，高储蓄带动高投资，从而增加国家的资本存量进而推动经济增长，经济增长能够创造更多的就业岗位，从长期看，对就业有着很大的推动作用。Pini（1997）研究发现，产业升级带来的技术进步会带来产出和

就业的扩张。Draper（2001）认为，产业结构的调整实质上是生产要素使用结构的变化，而技术进步是生产要素使用结构变化的原因。

王诚（2002）通过研究熊彼特的创新理论发现，产业升级带来的创新会扩大就业，产业升级中的技术进步也会扩大就业。武力和温锐（2006）认为，资本密集型产业对就业的带动作用更大，资本密集型和技术密集型产业具有较好的创新能力，可以扩大就业面。何德旭、姚战琪（2008）认为，产业结构的调整通常伴随着就业结构的变迁，技术进步对产业结构变迁的贡献度在增加。段利民、杜跃平（2009）认为，产业的结构调整与高度化可以促进就业增长。段敏芳、徐凤辉（2011）认为，产业结构升级是促进经济增长的关键，运用模型验证了经济增长与就业之间存在长期稳定的正向关系，并指出产业结构升级与就业增长成正比。张浩然和衣保中（2011）通过空间面板模型研究指出产业结构特别是增量结构的快速调整对城市就业有显著的促进作用，不同产业部门对就业的吸纳能力各异。吴振球、程婷和王振（2013）通过静态面板数据模型与动态面板数据模型相互印证得出产业结构升级与经济发展方式的转变有利于就业的增加。薛继亮（2017）以就业结构转变方向指数、第二产业就业结构转变速度指数和第三产业就业结构转变速度指数为自变量，结合柯布—道格拉斯生产函数，利用1978—2015年中国的时间序列数据和省际面板数据从资本深化和技术进步两方面论证了就业结构的转变。

二、就业结构优化对产业结构的影响研究

就业结构的优化特别是产业内劳动力素质的提升能够促进产业内生性增长，进而促进产业结构优化。Solow（1957）认为，产出不仅取决于生产要素的投入数量，也取决于其质量和转化效率，作为生产过程中最为重要的劳动力因素，其素质的高低尤为重要。Basu、Weil（1998）和Acemoglu（1998）认为，技术需要和相应素质的劳动力匹配才能顺利实现转化和应用，发展中国家应借助自身劳动力比较优势发展劳动密集型产业，有利于提升产业结构和经济增长。Hijzen、Holger和Robert（2005）通过实证研究

发现国际外包需求与低素质劳动力之间呈反向关系，以此来解释英国制造业产业结构变化。

张车伟、蔡昉（2002）对我国就业弹性的演变及趋势做了研究。张建武、宋国庆和邓江年（2005）认为，就业结构是衡量和影响产业结构演变的重要因素。代谦和别朝霞（2006）认为，人力资本作为生产产品和进行技术创新的生产要素，具有很强的外部性，对产业结构的升级起着极为重要的作用。方明行和韩晓娜（2013）指出，当前形势下，我国劳动力短缺将会成为常态，需要通过就业结构调整来推进产业结构的优化升级。

三、产业结构升级抑制劳动力就业的研究

Kalz、Lawrence 和 Kevin M Murphy（1992）认为，技术进步使劳动市场对高技能劳动力的需求增加，低技能劳动力就业越发困难，从而带来失业率上升。Aghion 和 Howitt（1994）认为，产业升级会导致人力资本投入价格增长，进而降低就业供给，造成失业率上升。Claudio ichelacci 和 David Lopez-Salido（2004）从实证分析出发得出，就业技术的进步导致就业落后部门的劳动力无法及时掌握新技术而引发失业率上升。

龚益（2001）提出产业转型升级会带来结构性失业，对就业产生破坏效应。詹浩勇（2010）认为，在政府主导作用下，我国实施的是重化工业优先发展的战略，这种战略直接降低了吸纳劳动力就业的能力。喻桂华、张春煜（2004）从产业结构、就业弹性和就业结构之间的关系进行论证，发现我国的就业结构滞后于产业结构的升级，意味着产业结构升级过程中会引起失业率的增加。张浩然、衣保中（2011）根据我国 2003—2008 年的数据，运用空间面板模型研究指出，产业结构的快速调整对城市就业有很大的不利影响。郭将、李漆节（2017）研究发现，江苏省产业结构升级在增加第二、第三产业就业量的同时也使得第一产业就业量迅速下滑，从而在一定程度上抑制了就业的增长，造成就业发展滞后于产业结构升级。丁海燕（2017）运用 1978—2014 年的数据进行实证研究，发现广东省就业结构滞后于产业结构，且滞后时间为 6 年。

四、产业结构与就业的互动关系研究

产业结构的优化升级与就业结构调整根本上是生产要素在不同的部门以资源配置最优化为目标的流动过程，二者的相互协调才能促进经济的健康平稳、可持续发展。

夏长杰（2000）曾对中国产业结构和就业结构的偏差做过研究。刘社建（2005）认为，劳动力的质量、数量与结构对产业结构转型升级起到促进作用，而产业结构转型升级又可以持续扩大就业、提高劳动者素质和优化就业结构。孙建和周兵（2008）研究发现产业结构与就业结构显著相关，产业结构对三次产业产值的影响及就业结构对三次产业就业量的影响与我国当前的经济特征都非常吻合。张文玺（2011）以山东为例，对产业结构与就业结构的非均衡发展也展开过研究。刘毅和张宁（2015）认为，政府与市场在功能上的静态良性互补和动态有效衔接是同时实现产业升级和就业扩张的有效路径。景建军（2016）、徐顽强、薛亦丹和张红方（2016）等人均认为我国产业结构演进符合国际理论标准模式，但就业结构的转换要滞后于产业结构。邹璇、黎恢富（2016）探讨了我国制造业产业结构与就业结构的协调性问题。

也有学者从人力资本和产业结构的关系视角进行探讨，例如：张少红（2004）、孔进和孔宪香（2007）。再如：李萍、谌新民（2012）认为，产业结构升级会给劳动者的就业稳定性带来冲击，要从提高劳动者就业稳定性入手，促进劳资双方积极进行人力资本投资，进而促进就业稳定性及产业转型升级。张抗私、周晓蒙（2014）认为，劳动者人力资本低，导致其资源配置能力不足，是导致中国就业结构转变滞后于产业转型发展的一个重要原因。提高劳动者的人力资本，能够促进企业进步和产业转型升级。

五、产业结构和就业结构的趋势分析

王惠文（2002）根据成分数据的建模方法，建立了我国产业结构的预测模型，并分析了三次产业结构的发展趋势。施久玉、柴艳有（2007）建立了灰色成分数据模型，对我国产业结构的发展趋势和未来状况进行了分析。王庆丰（2010）基于成分数据模型采用 GM（1，1）模型对未来我国产业结构和就业结构的演变进行预测，指出二者的演变符合现代经济发展的一般规律。王海涛、徐刚和恽晓方（2013）则采用了趋势外推法对京津冀区域产业结演变趋势进行定量预测。段亚敏、郑艳和李华中（2017）依据京津冀三地 1985—2014 年产业结构和就业结构的成分数据，以河北省为例进行实证分析，通过成分数据降维，构建灰色 GM（1，1）模型对京津冀三地及整体 2015—2020 年的产业结构与就业结构的演变趋势进行了分析，认为北京、天津的产业结构与就业结构将呈"三、二、一"的发展格局，而河北省就业结构变动速度将超越产业结构调整速度，呈现"三、二、一"的格局，河北省第三产业将吸引更多的劳动力，但与京津相比仍有较大差距。

第二节　新生代女性农民工就业问题研究综述

一、国外对劳动力转移与农民工就业问题的研究

国外许多国家不存在类似于我国的城乡二元结构，因而农村剩余劳动力在向城镇转移过程中不存在制度上的障碍，因此，这些国家由农民身份向工人身份转变得很顺利，不存在农民工问题。国外的相关研究主要从两方面展开：一是针对农村剩余劳动力转移的经典理论模型；二是国外对于我国农民工就业问题的研究。

（一）国外关于发展中国家农村剩余劳动力转移的理论模型

国外关于发展中国家农村剩余劳动力转移与就业的研究主要反映在以下几个理论模型。刘易斯模型提出了二元经济环境中结构下农村剩余劳动力转移的模型。在刘易斯模型的基础上，Ranis-Fei 模型认为农业生产是工业的重要支柱，通过提高农业生产率可以产生更多的农村剩余劳动力，进而可以为社会经济的快速发展提供源源不断的劳动力。托达罗模型从经济

学角度构造了劳动力的“城乡迁移”定量分析模型，认为劳动力是否决定迁移，主要依据他们在农村或城市所能获得的预期收入。美国学者E. S. Lee提出的推拉理论首次分析了影响农村剩余劳动力迁移的因素，将其分成“推力”和“拉力”两个方面。他认为，“推力”是一种消极因素，促使劳动力离开原居住地；“拉力”是一种积极因素，这类因素吸引那些期望生活得以改善的劳动力迁入新的居住地。

（二）国外关于我国农民工就业问题的研究

一是关于中国特有的二元户籍制度对农村剩余劳动力迁移的影响研究。Kam（1992）认为二元户籍制度是我国农民工流转过程中出现的社会经济问题的主要原因。Robet（1997）认为，农村土地制度和改革中的户籍制度是造成农村剩余劳动力回流的重要原因。二是关于农民工迁移原因和就业问题的研究。Brandt、Benjamin等人（2000）认为，农民工自身的人力资本特征是影响他们进城务工的重要因素，也是造成我国当前出现的农民工就业问题的主要原因。Fang Lee Cooke（2008）认为，我国农民工在就业中存在的两个问题主要是工资水平较低和工作环境较恶劣。

二、我国新生代农民工就业问题研究

我国学者从20世纪80年代开始关注农民工现象及农民工问题，张玉林在其《社会学通讯》（1983）一文中最早提出“农民工”这一概念，他将农民工定义为脱离土地、在城市从事非农产业的农民兄弟。随着20世纪90年代“民工潮”的出现，我国学者从理论和实证方面对农民工问题进行了大量的探讨和研究。

王春光（2001）探讨过新生代农村流动人口的社会认同与城乡融合问题。林春园（2010）分析了新生代农民工就业面临的问题包括：面临社会排斥，生活无保障、福利差，就业途径受局限、缺乏专业职业介绍体系，工作环境恶劣、劳动安全缺失。陈兰（2010）认为，新生代农民工普遍存在就业层次低、稳定性差、收入偏低、社会保险参保率低等问题。同时，指出问题的根源在于，新生代农民工的文化技能素质与产业结构优化升级、转变经济发展方式不适应，其技能需求与现有职业技能培训不相适应，其职业期望与市场需求不适应，现有城乡二元体制亦阻碍了新生代农民工融入城市的步伐。刘瑞（2011）针对当前新生代农民工就业中的诸如户籍的地域性、就业能力的差异、就业机会不平等、就业环境影响等进行了思考。张峰（2012）认为，受国际金融危机、资源与环境约束、经济发展面临“刘易斯拐点”等因素的制约，中国经济面临转变经济发展方式的强烈要求，新生代农民工就业受到产业结构调整与升级及投资—消费—出口结构性调整带来的挑战，可能面临能力素质的提高、失业的危险等。李向东（2012）以河南省为例探讨了新生代农民工就业及保障问题。张玉鹏（2013）提出后人口红利时代，由于“制度荒”“权益荒”和“技能荒”这“三荒”，带来了新生代农民工的“民工荒”与“就业难”两难并存的现象。滞后的户籍迁移制度、不健全的社会保障制度、断裂的教育制度这些“制度荒”制约了新生代农民工的合理流动。薪酬过低、务工环境差、维权机构缺失等“权益荒”限制了新生代农民工的正常就业。培训资源过于分散、培训针对性严重缺乏，这些“技能荒”阻碍了新生代农民工持续发展。许佳（2013）基于“刘易斯”拐点理论对新生代农民工就业问题进行了探讨，认为我国当前正处于刘易斯拐点的第一阶段，目前存在的“就业难”与“招工难”现象的背后，有效提升劳动力素质成为解决问题的关键。由于我国人口基数很大，所以在相当长的一段时间，只要有效引导农村劳动力就业走向，加大对新生代农民工的培训规模，提高其就业技能，“刘易斯拐点”第二阶段不但可以暂缓，甚至可以避免。王雪珍（2016）以湖南省为例，王惠燕（2016）以哈尔滨市为例，分别探讨了当前形势下新生代农民工的就业问题及应对策略。近年来，也有学者探讨新生代农民工回流就业问题或就业能力与质量等问题。郑永兰、诸飞燕（2017）提出了新型城镇化背景下回流新生代农民工就业的困境：在就业搜寻方面，存在着充裕的就业机遇与匮乏的社会资本、单一的获取信息渠道的悖论；在人力资本方面，技能要求的增长与农民工就业技能缺失并存以及就业素质要求增长与农民工文化资本缺失并存；在适应能力方面，存在着高就业期望与低投入的悖论。

三、我国新生代女性农民工就业问题研究

上述关于我国新生代农民工就业问题的相关研究对新生代女性农民工同样适用。近年来，也有学者针对新生代女性农民工这一群体的就业问题进行了相应的探讨。丁志宏（2009）通过对我国第五次人口普查数据的分析发现，新生代女性农民工的比例比男性高 7.8%，而老一代农民工中，男性的比例几乎是女性的 2 倍。研究指出，一方面，新生代农民工外出就业的机会越来越多；另一方面，由于传统“重男轻女”观念的影响，农村女孩通常小学或初中就毕业了，她们往往没有务农的经验，在农活中也难以发挥她们的作用，因此，外出务工就成为她们中大多数人的选择。陈彦佳、徐邓耀（2013）从区域经济学视角分析了新生代女性农民工的就业区域分布情况，并重点探讨了新生代女性农民工面临的就业歧视问题，进而从政府、企业、社会团体、大众传媒以及新生代女性农民工自身等方面提出了相应的建议。方翰青、谭明（2013）以常州数家企业的新生代女性农民工为研究对象发放问卷，研究发现，新生代女性农民工职业流动比较频繁，多为水平流动和向上流动；其职业流动情况是其拥有的人力资本、社会关系网及相关的社会制度共同作用的结果。郭江影、江金启和戚迪明（2014）利用辽宁省城市农民工的调研数据，对新生代女性农民工的就业状况进行了分析，并针对其就业选择的影响因素进行了实证分析。谢启文（2015）、邱雯婕（2016）探讨了新生代女性农民工就业过程中面临的问题和挑战，并提出了应对措施。徐放、谭明（2015）采用随机抽样的方法，对苏南地区 581 名新生代女性农民工进行问卷调查，研究其职业适应性问题。近年来，也有学者从新媒体赋权、城市融入、工作压力与职业倦怠及劳动权益等视角，进行了相关的研究。例如：孙琼如和侯志阳（2016）提出新媒体技术可以帮助新生代女性农民工在进入城市前获取相关就业信息；帮助她们增加收入、建立或扩展社会关系网络及帮助她们学习知识与技能，促进她们的职业发展。石纨雯（2016）探讨了新生代女性农民工的城市融入困境与对策。徐放（2016）对常州市新生代女

性农民工进行问卷调查，研究发现，新生代女性农民工的工作压力总体处于中等偏上水平，新生代女性农民工的职业倦怠总体处于中等水平。其工作压力及所包括的工作本身、组织管理、职业发展和人际关系四个维度与职业倦怠均显著相关。范美、邓永辉（2016）采用调查问卷法以及实地访谈法，具体研究了山东省肥城市新生代女性农民工就业中的劳动权益问题，并从政府部门、工会、用人单位、新生代女性农民工四个角度提出了相关的建议。

第三节　新生代女性农民工就业能力研究综述

早期农民工流动中由于劳动力市场的极大需求，没有凸显农民工劳动力市场的结构性矛盾，加上人们几乎把第一代农民工视为弱势群体来对待，因此，对其就业能力问题关注得比较少。

随着经济形势的变化及第二代农民工的进城务工，特别是“民工荒”“技工荒”“招工难”与“就业难”等现象的同时出现，人们渐渐更多关注和探讨新形势下新生代农民工的就业能力问题。我国比较早的从理论层面分析新生代农民工就业能力提升的学者是李晓红。李晓红（2009）提出新生代农民工可以通过正规教育、社会资本的支持以及“干中学”提升其就业能力，并对此展开了比较详细的研究。随后对新生代农民工就业能力进行系统研究的学者是罗恩立。罗恩立（2010）从微观个体因素、中观环境因素和宏观需求与政策因素三个层面构建了新生代农民工就业能力的理论分析框架，并进行因素整合分析，进而提出提升新生代农民工就业能力的建议。同时，罗恩立（2010）采用层次分析和 Delphi 咨询法，提出了基于微观个体、中观环境和宏观政策三个评估维度的新生代农民工就业能力评价指标体系，并给出了 25 个具体的评价指标和相应权重。该指标体系的提出，为后续新生代农民工就业能力的量化研究打下了一定的基础。此后，对新生代农民工就业能力的关注和研究不断增多，研究方向主要集中在以下几个方面：

一、新生代农民工就业能力提升的相关研究

刘俊威（2012）首先指出我国新生代农民工就业能力包括专业知识与技能、学习力、适应力及环境力4个方面的内容，并建议从传授专业知识与技能、提升学习能力、培养适应能力和改善就业环境等方面提升其就业能力。孙慧（2013）根据全国总工会、国家政策研究室、国家统计局等权威机构的调查数据，针对新生代农民工就业能力的影响因素进行分析，给出了提升新生代农民工就业能力的建议。随后有学者选取某区域开展调研，据此进行有针对性的分析。孙友然、焦永纪、张新岭和江游等人（2014）通过调查问卷，分析了长三角的新生代农民工就业能力提升的问题，例如：文化素质和职业技能水平不高，缺乏职业生涯规划，法律意识和就业权益保障能力欠缺，对自身、职业、社会的认知度不高等，并对此提出了相应的建议。金晶、刘丽（2015）选取江苏省苏州市、南通市、宿迁市的758位新生代农民工进行调研，分别从个人、企业和社会层面分析了新生代农民工的就业问题，并提出提升其就业能力的路径。同时，也有学者针对当前的社会现象或从经济形势出发，进行了相应的探讨。例如：陈至发、郭如平和赵欢君等人（2014）对经济转型升级背景下新生代农民工就业能力提升行为进行了研究，他们指出，当前背景下，大多数新生代农民工的就业能力提升行为是积极的，同时存在突出的个体差异。研究发现，男性比女性、已婚比未婚新生代农民工就业能力提升行为更为积极；并且随着年龄的增长和受教育程度的提高，新生代农民工就业能力提升行为也表现得更积极。赵丽燕、曹梦霞、张翔宇、陈斌煜、姜和忠、徐卫星等人（2017）针对当前出现的“民工荒”现象，以长三角新生代农民工为例，通过对其就业能力供给与社会和企业的需求进行对比，找出新生代农民工的就业能力缺口，进而进行剖析并提出了提升其就业能力的路径。也有学者提出通过发展职业教育提升新生代农民工的就业能力，如方翰青和谭明（2011），夏建军、郭飞、安宴菲和王学军（2013）等。

二、新生代农民工就业能力评价体系的构建

自罗恩立（2010）构建了新生代农民工就业能力评价指标体系后，逐渐有更多的学者尝试从量化角度对此进行相关研究。刘叶云、游钊（2011）从新生代农民工的职业特征出发，构建了包括个体适应力、职业认同、社会资本和人力资本四个评价维度的新生代农民工就业能力的指标体系。马云献（2011）对河南省851名新老两代农民工样本及用人单位的实地调查，从代际差异的视角分析评估了新生代农民工的就业能力与从业状况。高建丽、张同全（2013）运用层次分析法提出了新生代农民工就业能力量化评价的四个方面的维度：个体适应性、职业认同、社会资本和基本素质。专家不断修正后，提出14个有针对性的评价指标，经过一致性检验后，得到各指标的相应权重。高建丽、孙明贵（2014）进一步通过文献研究与专家面谈方式选取了影响新生代农民工就业能力的10个变量，采用因子分析法构建了包括技能素养、关系素养和基本素养三个因子的新生代农民工就业能力综合评价模型。以往我国学者多采用层次分析法（AHP）来构建新生代农民工的就业能力评价体系。张学敏、李泓欣（2014）改进了以往通过AHP建立的农民工就业评价体系的不足，创新性地提出利用网络层次分析法（ANP）构建新生代农民工就业能力评价体系。

三、新生代农民工就业能力影响因素分析

近几年，有学者结合调研数据针对新生代农民工就业能力的影响因素进行了实证分析。张秋秋、金刚（2012）运用辽宁省沈阳市964名新生代农民工的调查数据，采用最优尺度分析方法对新生代农民工就业能力影响因素进行实证分析，指出年龄、受教育程度及就业前接受培训的情况是新生代农民工就业能力的显著影响因素；并且认为不同年龄、不同学历和不同技能的新生代农民工就业能力的影响因素存在着较大差别，应该区别对待。吴闯和杜文（2014）根据在江苏苏州、南通、宿迁三地发放回收的826份问卷，从微观个体、中观企业和宏观政府三个层面对江苏省新生代

农民工的就业影响因素进行了分析，并提出相应的对策。高春雷、李长安和石丹淅（2015）根据2013年全国城市务工青年工作与生活状况调查数据，采用主成分分析法和回归分析法，对新生代农民工就业能力的影响因素进行实证分析。他们认为，新生代农民就业能力与其正直诚实、积极态度和举止、社会关系、自我分析和相关工作经验五个因素显著正相关，而与其直接照顾责任、职位部门、工作时间三个因素呈显著负相关。陈至发（2015）也依据1613个调查样本数据，就家庭环境、企业雇佣政策和政府培训政策等因素对新生代农民工就业能力的影响进行了实证研究。研究发现，家庭人口数量、家庭人均收入水平、家庭社会资本、企业录用政策、企业培训、企业薪酬、政府提供的培训及培训有效性都对新生代农民工就业能力有显著的正向影响。同时，也有学者尝试从自身因素或个体因素探讨对新生代农民工就业能力的影响，例如：汪霞、李东琴（2011），刘晶晶（2015）。

四、产业转型背景或供给需求视角下新生代农民工就业能力的探讨

在产业升级背景下，钟在明、李朝敏、蒙维洋（2011）认为，当前新生代农民工的素质并不能适应产业发展的需求。必须提高新生代农民工的道德水平和综合素质，加强对其进行人文关怀和心理疏导，充分保障其权益等，以提高他们的就业能力，适应产业发展的新需要。李群、杨东涛、陈郁炜（2014）基于就业能力的分析框架，探讨了产业转型升级背景下的新生代农民工失业和离职问题。提出对已实现就业的新生代农民工，应积极开展指导关系项目，降低其离职倾向；对未就业的新生代农民工，应从政府政策支持和新生代农民工自我管理两方面着手，提升其就业能力，进而实现就业。

部分学者从供给需求视角探讨新生代农民工的就业能力问题，例如：钟在明（2012）以浙江省为例，研究指出新生代农民工就业能力的需求变动具有现代性特征，但政府体制和公共服务等制约着其就业能力的提高。

李群、卢锐、王茂祥和王一晖（2016）采用内容分析法，分析了企业对新生代农民工就业能力的需求情况；通过问卷调查，分析了已就业新生代农民工就业能力的供给情况，指出当就业能力的需求与供给相等时，新生代农民工实现就业。

五、新生代女性农民工就业能力的相关研究

以上关于新生代农民工就业能力的不同视角的研究同样适用于新生代女性农民工这一群体，不过，目前我国学者从性别视角出发针对新生代女性农民工就业能力进行专门探讨的几乎没有，这一领域还有待学界进一步关注。

第四节　新生代女性农民工就业竞争力研究综述

农民工一直以来被认为处于“弱势群体”的地位，我国学者们对于这一人群就业问题的探讨很少用“竞争力”这样的词语。孙红燕（2008）是较早把“竞争力”与农民工联系起来的学者。她基于农民工是弱势群体的前提，认为农民工进城就业竞争力低是一个客观现象，根本原因在于不公平竞争，并提出了提升农民工进城就业竞争力亟待解决的问题和构建公平竞争机制的措施。

后续围绕农民工就业竞争力进行研究的学者并不多见，仅有少数学者主要针对新生代农民工就业竞争力开展了研究，例如：吕秋颖（2012）通过对安徽省界首市舒庄镇新生代农民工的问卷调查，运用模糊综合评价法建立了提升新生代农民工就业竞争力途径的模型，指出后人口红利时代新生代农民工需要通过职业教育和培训提升就业能力，还要依托政府、社会、企业、媒体等各方力量的支持和协助。王丽萍、王郁美和罗发恒（2015）运用广州、深圳等地 529 份农民工问卷调查的数据，对农民工职业规划意识和就业竞争力相关性进行了实证研究，发现农民工职业规划意识对其就业竞争力具有显著的正向影响，职业认知和职业目标因子影响显

著，工作积累因子影响不显著。刘叶云、李明贤（2015）运用湖南长沙、株洲、湘潭市278份新生代农民工问卷调查的数据，采用主成分分析法进行分析，结果表明：新生代农民工就业竞争力处在中等偏上的程度。其就业竞争力的影响因素由大到小依次是：自我开发能力、社会地位、技能、交际面范围等，而年龄、健康、性别等自然因素是主要优势。余秀萍（2017）论证了完善职业技能培训机制、提高新生代农民工就业竞争力的措施。

目前我国学者从性别视角出发针对新生代女性农民工就业竞争力进行专门探讨的微乎其微，笔者以此为主题进行探讨，认为新生代女性农民工虽然不具有天然的就业竞争优势，但这一群体不容忽视，需要发挥“政府—社区—企业”三方主体的助力作用，促进新生代女性农民工就业竞争力的构建，以适应社会经济的发展及产业结构的优化和升级，进而促使新生代女性农民工顺利就业、持久就业。

第五节　研究综述评析

国外关于产业结构与就业的相关研究非常经典，为我们的后续研究奠定了理论基础，在此基础上国内也进行了大量的相关研究。研究主题主要集中在产业结构升级能够促进就业结构、就业结构优化对产业结构的影响、产业结构升级抑制劳动力就业、产业结构与就业结构的互动关系研究及产业结构和就业结构的趋势分析等方面。这些研究对于“适应产业结构发展的新生代女性农民工就业竞争力构建研究”这个课题起到了重要的理论支撑作用。特别是产业结构升级抑制劳动力就业结构的解释更有指导性，二者的互动关系对实证分析方面也有很好的借鉴作用。

关于农民工就业问题的讨论中，首先在国外由于城镇化与工业化发展同步，不存在城乡二元结构，因而不存在农民工。但国外也经历了城镇化的过程和劳动力由农业向第二、第三产业的就业转移，国外对劳动力转移的理论非常丰富，包括刘易斯模型、托达罗模型、推拉理论等。不过部分国外学者对我国的农民工就业问题进行过探讨。20 世纪 90 年代以来，我国学者在农民工就业问题方面的研究颇为丰富。问题比较多的集中在农民工就业过程中面临社会排斥、制度排斥，工作环境恶劣、社会保障缺失、收入低、性别歧视等诸多方面，显然是社会中弱势群体的角色。21 世纪后，新生代农民工成长起来，对于他们就业问题的研究越来越多。通常反映在与老一代农民工的比较上、新生代农民工及新生代女性农民工的流动性问题、就业状况、城市融入与适应性、市民化、权益保障等方面。总之，开始弱化了他们是弱势群体的标签，而不断以农民工如何市民化的立场进行研究。对新生代女性农民工就业问题的相关研究使我们更多地认识了这个群体所处的现状，并思考如何改善，启发了研究思路。

随着经济形势的变化及第二代农民工的进城务工，特别是“民工荒”“技工荒”“招工难”与“就业难”等现象的同时出现，人们渐渐更多关注和探讨新形势下新生代农民工的就业能力问题。集中在：新生代农民工就业能力提升、新生代农民工就业能力评价体系的构建、新生代农民工就业能力影响因素分析、产业转型背景或供给需求视角下新生代农民工就业能力的探讨。人们更多希望从就业能力提高的角度解决“民工荒”“技工荒”与“招工难”“就业难”的悖论，比较有参考价值。但专门针对新生代女性农民工进行就业能力的研究几乎是空白。

2008 年开始，有学者把竞争力和农民工联系起来进行研究，开始有了一些零星的研究，比如：在提升新生代农民工就业竞争力途径、农民工职业规划意识和就业竞争力相关性、就业竞争力的影响因素及措施等方面均有涉及。以上研究都有重要的参考作用和价值。不过对于新生代女性农民工就业竞争力的研究还是比较少，在产业结构背景下探讨新生代女性农民就业竞争力的构建，具有较强的理论和现实意义。不过以往的研究主要是针对大学生、高职生等学生进行的就业竞争力的探讨，这些成果对于开阔研究思路也有重要的作用。

第四章　产业结构与农民工就业的互动关系研究

第一节　产业结构与农民工就业的互动机理

17 世纪末，英国古典经济学创始人之一威廉·配第提出不同产业间具有收入的差异及由此引起的劳动力就业结构上的变化。他在其《政治算术》一书中提到，从事制造业要比从事农业，并且从事商业要比从事制造业获得更多的收入，因而劳动力会从农业向制造业，进而向商业进行转移。1940 年，英国经济学家柯林·克拉克在其《经济进步的条件》一书中第一次采用了三次产业划分的方法，进行实证分析后归纳出劳动力在三次产业间转移的规律，认为伴随经济的发展及人均国民收入水平的提高，各国劳动力首先从第一产业向第二产业转移，当人均收入水平再一次提高时，劳动力便向第三产业转移。劳动力在各产业间的变化趋势是，第一产业逐渐减少，第二、第三产业逐渐增加。这一结论与配第提出的观点不谋而合，人们将其称为配第—克拉克定律。之后，库兹涅茨收集和整理了 57 个国家的相关数据，从国民收入、劳动力的产业分布两个方面出发，分析验证了产业与就业之间的这种结构性变动规律。此外，1975 年，霍利斯·钱纳里和莫塞·塞尔昆在其《发展的模式：1950—1970》一书中，针对 100 多个国家的统计分析，总结出一个“正常发展模式”，也称为“多国标准模型”。他们除了继续验证了配第—克拉克定律之外，还有一重要发现：就业的变动在结构上要滞后于产业的变动。因此，本研究在探讨产业结构与农民工就业的相互关系时，侧重于分析产业结构的主动作用，即将产业结构的优化升级发展作为背景或前提条件，分析农民工就业的情况与问题。

产业结构的优化升级主要是产业结构向着合理化和高度化的目标发展，这意味着产业结构合理化和产业结构高度化是产业结构调整和发展的两个目标。

产业结构合理化是指为提高经济效益，要求在一定的经济发展阶段上根据科学技术水平、消费需求结构、人口基本素质和资源条件，对起初不合理的产业结构进行调整，实现生产要素的合理配置，使各产业协调发展。具体表现为在一定经济和社会发展目标战略下，产业之间安排的比例能够维持社会总供给和总需求的平衡，并能取得较好的经济效益。从静态角度看，是指在一定时期内，各产业部门之间及其内部结构之间是协调的；从动态角度看，在较长时间内，国民经济运行和再生产是协调的。通常包括四个方面的具体内容：产业间的素质协调、各产业间相对地位协调、产业间关联方式协调以及供给和需求在数量与结构上协调。

产业结构高度化是指产业结构从低水平向高水平发展，即一国经济发展重点或产业结构重心由第一产业向第二产业和第三产业逐次转移的过程，标志着一国经济发展水平的高低和发展阶段、方向。随着科技发展、分工深化，产业结构不再局限于以前的劳动密集型企业，而是转为向技术、资本密集型企业发展，产业结构高度化往往具体反映在各产业部门之间产值、就业人员、国民收入比例变动的过程上。从产业结构的结构比例看，高度化有三个方面的内容：第一，在整个产业结构中，由第一次产业占优势比重逐级向第二次、第三次产业占优势比重演进，即产业重点依次转移；第二，产业结构中由劳动密集型产业占优势比重逐级向资金密集型、技术知识密集型占优势比重演进，即向各种要素密集度依次转移；第三，产业结构中由制造初级产品的产业占优势比重逐级向制造中间产品、最终产品的产业占优势比重演进，即向产品形态依次转移。从产业结构高度化的程度看，高度化有四个方面的内容：第一，产业高附加值化，即产品价值中所含剩余价值比例大，具有较高的绝对剩余价值率和超额利润，是企业技术密集程度不断提高的过程；第二，产业高技术化，即在产业中普遍应用高技术（包括新技术与传统技术复合）；第三，产业高集约化，即产业组织合理化，有较高的规模经济效益；第四，产业高加工度化，即加工深度化，有较高的劳动生产率。[①]

基于此，产业结构调整对农民工就业的影响路径包括两方面，一方面，产业结构趋于合理化，劳动密集型产业规模将适量缩小，但是大量的第二、第三产业快速发展，提供更多就业岗位，农民工需要适应这种产业结构调整带来的就业结构的变化，其收入也会持续增加。另一方面，劳动密集型产业占优势比重逐级向资本密集型产业、技术知识密集型产业占优势比重演进；由制造初级产品的产业占优势比重逐级向制造中间产品、最终产品的产业占优势比重演进，同样需要农民工提升自身的核心竞争力，适应并满足产业结构优化升级带来的新挑战，把握新机遇，寻求新的就业机会，从而农民工收入也会增加。其影响路径如图 4-1 所示。

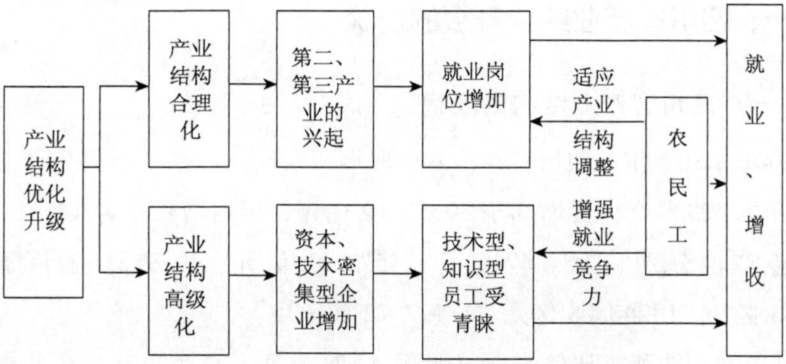

图 4-1 产业结构升级对农民工就业吸纳作用路径

第二节 四川省产业结构与农民工就业的实证分析

本节关于产业结构升级与农民工就业的实证分析选取四川省为例进行研究，具有一定的代表性和典型性，原因在于：首先，近几年来，四川省的工

① 谭崇台．发展经济学［M］．上海：上海人民出版社，1989.

业发展迅速，加上面临着环境可持续发展与自身产业结构调整的内因及东部产业转移的外因，四川省产业升级将成为目前的主旋律，则产业结构的调整必将会影响到就业结构的调整。其次，四川省是农业人口大省，经济发展水平位于西部十二省的前列。同时，四川是我国农村劳务输出的大省，《2015年四川省人力资源和社会保障事业发展统计公报》显示，2015年末农村劳动力转移输出2478.9万人，比2014年增加6.7万人。其中，省内转移1339.7万人，增加26.6万人；省外输出1136.2万人，减少18.4万人，外派劳务3万人，减少1.5万人，省外输出劳动力少于省内转移劳动力。同时该公报数据显示，三次产业就业结构由2014年的39.5%：26.4%：34.1%变为38.6%：26.6%：34.8%，就业结构优化。因此，对于四川省产业结构与农民工就业的相互关系加以探讨，探索行之有效的方法，以期对四川省乃至全国产业结构与就业结构的协调发展提供可供参考的建议。

一、四川省产业结构升级的现状

（一）四川省产业结构的现状

2001—2015年，四川省经济发展取得了丰硕的成果，国民生产总值从2001年的4293.49亿元增加至30053.10亿元，年均增长率为14.91%。三次产业产值分别从981.67亿元、1572.01亿元、1739.81亿元增长至3677.3亿元、13248.08亿元、13127.72亿元[①]。

从三次产业所占比例来看（见图4-2），第一产业在三次产业中处于不断下降的趋势，并没有显著的波动情况。第二产业自2001年以来呈上升趋势，在2008年达到一次波峰，占比达46.2%，2009年到达波谷，占比为43.3%，此后又有所回升。主要原因是2008年第二产业受到金融危机的冲击，而此后，国家投资振兴经济的项目多数流向第二产业，修建了大量的基础设施，第二产业飞速增长，致使2011年又一次达到波峰，占比达47.8%。第三产业呈波动式增长的趋势，2011年达到波谷，此后的4年时

① 数据来源于《四川统计年鉴2016》。

间里，第三产业与第二产业两者的占比向相反方向发展，占比差距逐渐缩小。2015年，第一、第二、第三产业之间的比重分别为12.2%、44.1%、43.7%，呈“二三一”的模式，但开始出现第二、第三产业同时健康发展的态势。

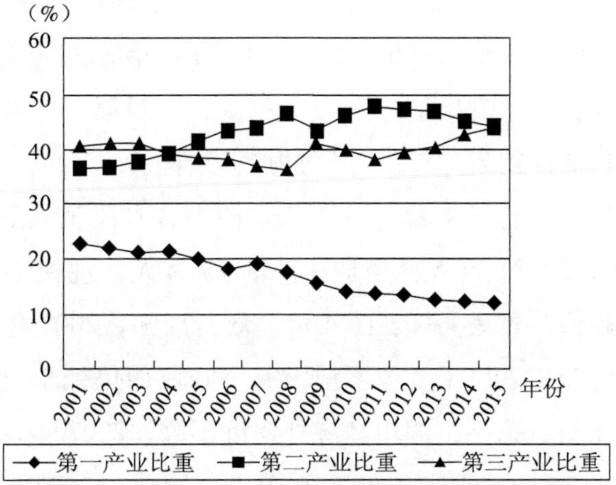

图4-2　2001—2015年四川省产业结构演化趋势

（二）四川省产业结构与全国的比较

截至2015年，四川省地区生产总值达30053.1亿元，从2014年的全国排名第8位跃居至全国第6位，在西部省份中排名第一位，第一、第二、第三产业生产总值分别为3677.3亿元、13248.08亿元、13127.72亿元。整体而言，四川经济总量取得了较大的进步，但从产业结构来看，还有待调整和优化。2015年，我国的三次产业比重分别为8.8%、40.9%、50.2%，呈“三二一”模式；而四川省仍为“二三一”模式，四川省的产业结构仍然与经济发达地区或全国产业结构存在一定差距。主要表现在以下两方面：一是四川省农业产值占比较高，占比为12.2%；二是四川省第三产业占比偏低，为43.7%，经济增长的拉动力不够，导致第三产业的发展不如全国的整体水平。较为明显的是四川经济增长还在依靠第二产业的增长，产业结构升级还有较大的潜力。

二、四川省农民工就业的现状

（一）四川省农民工第二、第三产业就业的总体情况

改革开放以来，四川省人口就业结构经历了不断调整的过程，三次产业就业比重由 1978 年的 81.8∶9.1∶9.1 转变为 2010 年的 56.7∶18.7∶24.6，从 2001 年的 55.6∶18.6∶25.8 变为 2015 年的 38.6∶26.6∶34.8[①]，就业结构日益改善，呈现出“一三二”模式，不过第一产业就业份额仍然较大，偏离于目前四川省“二三一”的产业结构。

从农民工的就业总量来看，2001 年，四川省农民工人数 973.56 万人，2015 年增加到 1427.31 万人，增加了 453.75 万人，规模不断扩大，数量呈不断上涨的趋势，见表 4-1、图 4-3。众所周知，2008 年爆发了全球性的金融危机，但四川农民工人数不但没有下降反而仍处于上升的趋势，分析其原因主要在于：第一，四川经济外向度不高，2007 年，四川外贸依存度仅略高于 10%，比全国低约 50 个百分点，因此，金融危机对四川经济的直接影响相对比较小[②]，虽然对从事外贸相关行业的农民工来说，也会导致其中部分人员失业，不过相对而言，减少的人数并不太多。第二，受地震灾后重建的影响，产生很多修建房屋、道路和其他基础设施的必要需求，直接给农民工提供了许多就业机会。第三，由于产业的相互关联性，大量的基础设施建设会引致对相关行业产品和原材料的需求，比如钢材、水泥等，这些产品及原材料需求的增加同样会间接为农民工提供许多就业机会。第四，由于四川地处内地西部，受金融危机的冲击影响相对滞后，许多行业并没有受到较大影响，也使得从事这些行业的农民工人数并没有明显减少。因此，如图 4-3 所示，2008 年及以后的年份里，四川农民工的总人数并没有减少而是不断增加了。

---

① 数据来源于《四川统计年鉴 2016》。

② 引自：外贸依存度不高，金融危机对四川直接影响较小 [EB/OL]. 四川在线，2008-10-17，http://sichuan.scol.com.cn/dwzw/20081017/2008101762936.htm.

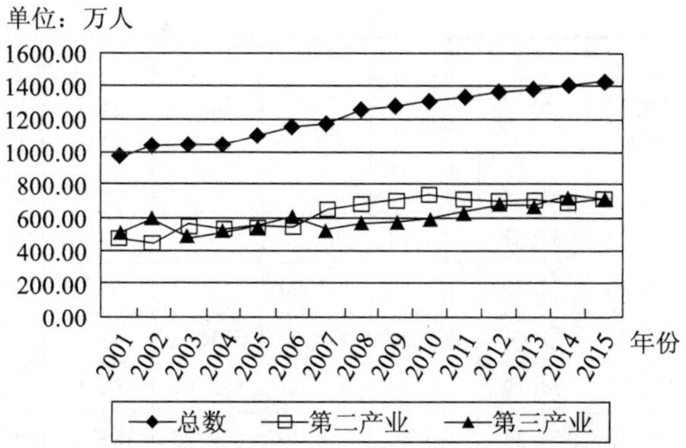

图 4-3　2001—2015 年四川省历年农民工数量

从农民工第二、第三产业就业的数量来看，第二产业和第三产业就业的农民工数量均呈波动式上升的趋势（见图 4-3、表 4-1）。其中，2001 年，第二产业就业的农民工为 472.51 万人，2015 年增加到 711.48 万人；2001 年，第三产业就业的农民工为 501.05 万人，2015 年增加到 715.83 万人。期间，第二、第三产业就业的农民工人数均呈现出相反方向、交替变化的波动增长态势，而且 2007—2013 年，第二产业就业的农民工人数明显高于第三产业，此后，2014—2015 年，第三产业就业的农民工人数开始略高于第二产业，农民工就业人数在不同产业间的这种变化与产业结构的总体变化趋势大体相符合。

表 4-1　2000—2015 年四川省农民工人数　（单位：万人）

年份	第二、第三产业总计	第二产业	采矿业	制造业	建筑业	第三产业	批发零售业	交通运输、仓储和邮政业	住宿餐饮、居民服务等其他第三产业
2001	973.56	472.51	105.71	139.86	226.94	501.05	124.98	56.71	319.36
2002	1038.74	442.49	78.44	117.43	246.62	596.25	134.04	60.75	401.46
2003	1047.48	558.08	103.05	184.63	270.40	489.40	145.60	65.29	278.51
2004	1049.80	535.40	65.00	188.90	281.50	514.40	157.90	75.40	281.10
2005	1096.80	543.30	86.40	161.30	295.60	553.50	173.10	78.50	301.90
2006	1158.70	549.60	85.10	202.60	261.90	609.10	178.80	80.60	349.70

续表

年 份	第二、第三产业总计	第二产业	采矿业	制造业	建筑业	第三产业	批发零售业	交通运输、仓储和邮政业	住宿餐饮、居民服务等其他第三产业
2007	1179.94	653.22	84.82	265.10	303.30	526.72	144.20	82.20	300.32
2008	1256.72	689.60	74.50	273.50	341.60	567.12	176.71	89.78	300.63
2009	1278.70	707.22	71.76	297.39	338.07	571.48	181.97	93.41	296.10
2010	1320.91	734.90	74.19	308.03	352.68	586.01	184.55	92.55	308.91
2011	1338.35	709.10	74.34	296.36	338.40	629.25	183.43	91.11	354.71
2012	1368.06	694.04	73.02	297.51	323.51	674.02	117.79	34.69	521.55
2013	1384.59	707.66	68.25	309.88	329.54	676.93	114.72	37.32	524.90
2014	1413.23	685.39	70.18	299.12	316.09	727.84	129.67	37.22	560.95
2015	1427.31	711.48	65.47	313.64	332.36	715.83	116.35	31.51	567.96

数据来源：根据《四川统计年鉴 2016》中“按行业分乡村就业人员”数据计算整理。①

（二）四川省农民工产业内就业分布的情况

在第二产业中，由于《四川统计年鉴》仅给出采掘业、制造业和建筑业中乡村就业人员的统计数据，故本研究即以全部从事采掘业、制造业和建筑业的乡村就业人员之和作为从事第二产业的农民工人数。从第二产业内部来看，如表 4-1 所示，一直以来，分布在采掘业的农民工人数绝对数都不高，只有 2001 年和 2003 年的人数超过 100 万人，分别为 105.71 万人、103.05 万人，其他年份都没有超过 100 万人。且从图 4-4 可直观地看到，2001—2015 年，分布在采掘业的农民工人数总体上呈不断下降趋势。在第二产业中，农民工就业人数分布最多的是建筑业，其次是制造业。制造业和建筑业都是劳动密集型生产行业，其行业特点决定了需要大量的体力劳动者，而大多到城市打工的农民工都没有太多文化，缺乏专业的技能，为了顺利从事非农就业、获取更多的收入，他们通常只能选择从事这

① 此处农民工人数是根据《四川统计年鉴 2016》中“按行业分乡村就业人员”统计的乡村就业总人数减去农、林、牧、渔业中的乡村就业人员计算而得。

样的体力劳动，因此，从事制造业和建筑业的农民工人数较多，如图 4-4 所示，2001—2015 年，分布在建筑业和制造业的农民工人数总体上均表现出上升的趋势。

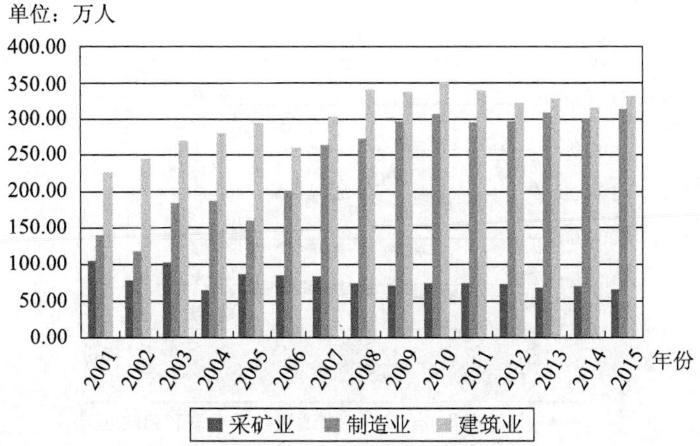

图 4-4　2001—2015 年四川省第二产业农民工就业数量

从第三产业内部来看，如表 4-1 所示，虽然第三产业就业的农民工总量仍呈上升趋势，但由图 4-5 可见，其中的批发零售业农民工就业数量却呈波动式下降趋势，2001—2011 年，总体上表现为上升趋势，2011 年从 183.43 万人骤然下降至 2012 年的 117.79 万人，此后几年小幅波动下降到 2015 年的 116.35 万人，且该行业就业的农民工人数均没超过 200 万人；交通运输、仓储和邮政业农民工就业数量总体上也呈下降趋势，2001—2011 年，农民工就业人数平稳上升，同样也是在 2011 年，出现了大幅下降，由 91.11 万人降至 2012 年的 34.69 万人，此后几年小幅波动下降到 2015 年的 31.51 万人，且该行业就业的农民工人数均没超过 100 万人；与此形成鲜明对比的是除这两类之外的诸如住宿餐饮、居民服务、现代服务业等其他类型的第三产业，其吸纳的农民工就业人数总体上呈上升态势。具体来看，2001—2009 年，住宿餐饮、居民服务等其他类第三产业中农民工就业人数围绕 300 万人上下波动，而在 2009—2015 年，农民工就业人数则呈大幅上升趋势，从 296.1 万人增加到

567.96 万人，而且在 2011—2012 年升幅较为显著。这意味着，住宿餐饮、居民服务甚至现代服务业等其他类型的第三产业正表现出对农民工就业较强的吸纳能力。

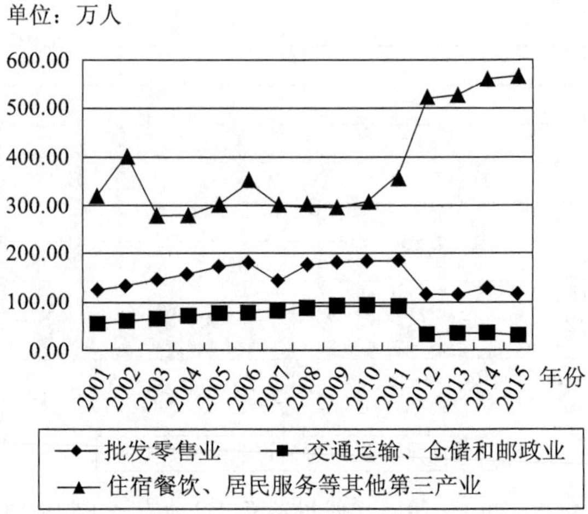

图 4-5　2001—2015 年四川省第三产业农民工就业数量

三、四川省产业结构与就业结构的协调性实证分析

研究产业结构与就业结构二者协调性的指标比较多，主要有结构偏离度、比较劳动生产率、就业弹性等。在此选择以上三个评价指标对四川省产业结构与就业结构的协调性进行实证分析。通过产业结构偏离度指标，探讨该阶段产业结构与就业结构是否均衡；通过比较劳动生产率指标分析劳动力转移的趋势；并通过就业弹性分析指出各产业吸纳劳动力的能力。

（一）四川省产业结构偏离度分析

1. 产业结构偏离度界定

产业结构偏离度是指某一产业占 GDP 的百分比与就业百分比的比值，是衡量产业结构与就业结构是否均衡的重要测度方法。通常产业结构偏离度越小，说明就业结构与产业结构越均衡；偏离度越大，表明就业结构与产业结构越不对称。关于结构偏离度的定义并没有一个统一的概念，主要有两种：一是指各产业占 GDP 的比重和就业比重之比与 1 的差，二是指某产业的增加值比重与就业比重之差。本研究中采用第一种概念，其公式表示为：

产业结构偏离度=某产业占 GDP 的百分比/某产业就业百分比-1

具体来看，如果产业结构偏离度系数等于 0，意味着该产业的就业结构和产业结构达到均衡状态；如果该系数大于 0，表明该产业可以吸纳更多的劳动力；如果该系数小于 0，则表明该产业有剩余劳动力，应该尽可能使该产业的劳动力转移到其他产业就业。该系数偏离 0 越远，说明产业结构与就业结构的偏差越大。

2. 四川省产业结构偏离度分析

选取 2001—2015 年的统计数据，利用上面产业结构偏离度的计算公式，计算得出四川省三次产业的结构偏离度，如表 4-2 所示。

表 4-2　四川省 2001—2015 年产业结构偏离度

年 份	第一产业结构偏离度	第二产业结构偏离度	第三产业结构偏离度
2001	-0.588	0.968	0.570
2002	-0.588	0.911	0.528
2003	-0.600	0.948	0.486
2004	-0.586	1.005	0.389
2005	-0.610	1.107	0.333
2006	-0.624	1.159	0.232
2007	-0.599	0.953	0.244
2008	-0.618	0.976	0.187
2009	-0.654	0.804	0.329
2010	-0.675	0.847	0.266
2011	-0.672	0.889	0.194
2012	-0.672	0.833	0.198
2013	-0.685	0.801	0.208
2014	-0.686	0.705	0.249
2015	-0.684	0.658	0.256

数据来源：根据《四川统计年鉴 2016》相关数据计算而得。

由表 4-2 可以看出，2001—2015 年四川省产业结构与就业结构之间的结构偏离度有以下特点：

（1）第一产业的结构偏离度是负值。第一产业的偏离度一直处于-58%~-69%，这说明第一产业的产业结构与就业结构出现了偏差，即就业结构的变动与产业结构的变动不一致，意味着第一产业存在着大量的剩余劳动力。同时，结构偏离度系数离 0 值越来越远，表明第一产业结构偏差越来越大，随着城镇化进程的加快推进，将会有更多的第一产业剩余劳动力向第二、第三产业转移。

（2）第二产业的结构偏离度是正值，而且比较大，表明就业结构滞后于产业结构，该产业应吸纳更多的劳动力，促使就业结构更加合理。2001—2015 年，四川省产业结构与就业结构之间的结构偏离度呈现出先升后降的走势，而且总体看呈下降的趋势，表明第二产业能够提供更多的就业机会来吸纳农民工就业，并且已经接纳从第一产业转移出来的劳动力，其就业结构在不断优化。不过结构偏离度系数还比较大，意味着第二产业带动就业的能力还有较大的提升空间。

（3）第三产业的结构偏离度为正。从 2001—2015 年总体趋势看，四川省第三产业结构偏离度呈下降的趋势，不断向 0 值靠拢；不过，从 2011—2015 年的近期来看，第三产业结构偏离度却又呈现出小幅增加的态势。说明第三产业大量吸收了从第一产业转移出来的劳动力，近期第三产业就业结构与产业结构又出现了一定程度的不一致，表明未来还有较大的吸纳就业的能力，需要进一步优化第三产业结构，进一步促使其产业结构与就业结构向均衡状态运行。

总之，通过对 2001—2015 年四川省就业结构与产业结构之间结构偏离度的分析，可以初步得到结论如下：第一产业中存在着较大比例的剩余劳动力需要转移，第一产业仍将是未来剩余劳动力净流出的产业；第二产业目前还是主要吸纳劳动力就业的产业，正在发挥着吸纳劳动力就业的较大能力，不过其带动就业的能力还有待提高；第三产业已逐渐成为吸纳劳动力就业的主要部门，但由于第三产业的发展水平还偏低，还没有完全发挥其吸纳劳动力就业的能力，未来还有较大的吸纳就业的能力，总体看第三产业结构与就业结构正在向均衡状态运行。

（二）四川省三次产业的比较劳动生产率分析

1. 比较劳动生产率概念界定

比较劳动生产率是指一个部门的产值比重与该部门就业的劳动力比重的比值，能够从效益角度较好地反映产业结构与就业结构的协调性。通常第一产业比较劳动生产率低于1，第二、第三产业比较劳动生产率高于1；第一产业和第二、第三产业比较劳动生产率的差距越大，经济的二元性越为显著。如果某一产业的比较劳动生产率小于1，该产业部门的劳动力就会向其他部门转移；当各产业的劳动生产率趋于一致，即都接近于1时，将有利于经济与社会的协调发展。比较劳动生产率的公式为：

某产业比较劳动生产率=某产业的产值比重/该产业的就业比重

2. 四川省三次产业比较劳动生产率分析

选取2001—2015年的统计数据，利用上面比较劳动生产率的计算公式，得出四川省三次产业的比较劳动生产率，如表4-3所示。

表4-3　2001—2015年四川省三次产业比较劳动生产率

年 份	第一产业比较劳动生产率	第二产业比较劳动生产率	第三产业比较劳动生产率
2001	0.412	1.968	1.570
2002	0.412	1.911	1.528
2003	0.400	1.948	1.486
2004	0.414	2.005	1.389
2005	0.390	2.107	1.333
2006	0.376	2.159	1.232
2007	0.401	1.953	1.244
2008	0.382	1.976	1.187
2009	0.346	1.804	1.329
2010	0.325	1.847	1.266
2011	0.328	1.889	1.194

续表

年份	第一产业比较劳动生产率	第二产业比较劳动生产率	第三产业比较劳动生产率
2012	0.328	1.833	1.198
2013	0.315	1.801	1.208
2014	0.314	1.705	1.249
2015	0.316	1.658	1.256

数据来源：根据《四川统计年鉴 2016》相关数据计算而得。

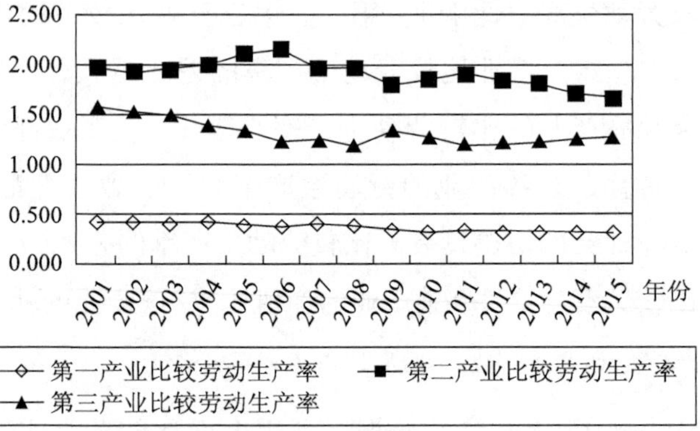

图 4-6 四川省 2001—2015 年三次比较劳动生产率

由表 4-3、图 4-6 可以看出，2001—2015 年，四川省第二产业的比较劳动生产率总是高于第三产业，第三产业高于第一次产业。具体来看，有以下特征：

（1）四川省第一产业比较劳动生产率均小于 1，都在 0.5 以下，并且呈现下降的趋势，说明第一产业仍然存在大量隐性失业劳动力，并且第一产业剩余劳动力需要转移到其他部门的压力较大。

（2）四川省第二产业比较劳动生产率整体均高于第一产业及第三产业，说明四川仍处在工业化进程中，第二产业较第一产业和第三产业在劳动生产率方面更有优势，说明第二产业吸纳就业的潜力最大。整体来看，四川第二产业比较劳动生产率虽有波动，但呈下降趋势。

（3）2001—2015 年，从总体上看，第三产业比较劳动生产率呈波动式下降趋势，并且更接近于 1，但在 2011—2015 年，第三产业比较劳动生产率有小幅上扬趋势，这表明第三产业的发展略显滞后，吸纳劳动力的能力方面还有待进一步提高。

（三）四川省三次产业的就业弹性分析

1. 就业弹性概念界定

就业弹性指的是经济增长每变化一个百分点所对应的就业数量变化的百分比。可对产业增长中的就业吸纳能力做更为精确、真实的比较。就业弹性用公式表示为：

某产业的就业弹性=某产业的就业增长率/该产业的产值增长率

当就业弹性为正值时，弹性越大，就说明经济增长对就业的拉动效应越大；弹性越小，就说明经济增长对就业的拉动效应越低。当就业弹性为负值时，经济增长对就业的作用分为两种：若经济为正增长但就业减少，表现为就业“挤出”的效应，此时就业弹性的绝对值越大，对就业的“挤出”效应就越大，就业弹性绝对值越小，对就业的“挤出”效应就越小；若经济为负增长但就业增加，则表现为就业的“吸入”效应，此时就业弹性绝对值越大，对就业的“吸入”效应就越大，就业弹性绝对值越小，对就业的“吸入”效应就越小①。

2. 四川省三次产业的就业弹性分析

同样选取2001—2015年的统计数据，利用上面就业弹性的计算公式，得出四川省三次产业的就业弹性，如表4-4所示。

表4-4 2001—2015年四川省三次产业的就业弹性

年 份	第一产业就业弹性	第二产业就业弹性	第三产业就业弹性
2001	-0.471	-0.041	0.408
2002	-0.461	0.320	0.374
2003	-0.179	0.072	0.252

① 肖昕茹．我国产业结构与就业结构协调性的区域差异——对上海、安徽、重庆的比较分析［J］．西部论坛，2013（3）．

续表

年 份	第一产业就业弹性	第二产业就业弹性	第三产业就业弹性
2004	-0. 067	0. 044	0. 186
2005	-0. 135	0. 048	0. 144
2006	-0. 613	0. 092	0. 468
2007	-0. 064	0. 547	-0. 254
2008	-0. 390	0. 158	0. 189
2009	4. 432	0. 582	0. 064
2010	-0. 265	0. 142	0. 115
2011	-0. 094	0. 068	0. 117
2012	-0. 243	0. 156	0. 166
2013	-0. 472	0. 171	0. 157
2014	-0. 496	0. 458	0. 179
2015	-0. 482	0. 330	0. 297

数据来源：根据《四川统计年鉴 2016》相关数据计算而得。

从表 4-4 中可以看出四川省三次产业的就业弹性具有如下特征：

（1）2001—2015 年，除 2009 年以外，第一产业的就业弹性均为负值，表明四川第一产业对就业的吸纳能力逐渐降低，说明经济发展对四川第一产业就业产生“挤出”效应。随着农业产业结构的升级、农业生产率大幅提高，大量的剩余劳动力转移到第二、第三产业。

（2）第二产业就业弹性除 2001 年以外，其余年份均为正值。就业弹性大于 0，说明该产业对就业具有拉动效应，大力发展第二产业能够解决就业问题。

（3）2007 年之前及之后的年份，第三产业就业弹性均为正值，表明第三产业对就业发挥着促进、拉动的作用。从弹性系数值来看，2007 年之后第三产业的拉动作用不及 2007 年之前。2007 年，第三产业就业弹性系数值为负值，主要是因为这一年第三产业就业人数下降带来了“挤出”效应。因此，要重视第三产业的发展与优化升级。

四、四川省产业结构对农民工就业的相关分析

（一）变量选取、提出假设与数据说明

1. 变量选取

由于本研究基于产业结构调整这一背景研究农民工就业问题，故在此以四川省为例探讨产业结构与农民工就业的相互关系，研究的基本出发点是：在影响农民工就业的因素中，产业结构因素是其中一个较为重要的因素。为此，本研究提出的一个基本假设是：产业结构是影响农民工就业的重要因素之一。此处将以产业结构作为自变量，主要研究产业结构及其对应的行业对农民工就业造成的影响，因此，研究重点在于农民工就业。对于农民工就业，此处选取的是农民工就业数量这个指标。

2. 提出假设

在进行相关分析之前，首先提出假设，具体如下：

总假设 H：产业结构对农民工的就业数量存在显著影响。

分假设 H0：不同产业的产出对农民工的就业数量存在显著影响（具有正向作用），包括：

H1：第一产业产出对农民工的就业数量影响显著。

H2：第二产业产出对农民工的就业数量影响显著。

H3：第三产业产出对农民工的就业数量影响显著。

H4：第二产业内部各行业的产出对农民工的就业数量影响显著。

H5：第三产业内部各行业的产出对农民工的就业数量影响显著。

接着回答以下问题：不同的产业和行业会对农民工的就业数量造成不同的影响，这种影响是否显著？是不是每种产业及每个行业都与其对应的农民工就业存在着必然的联系？上述假设是否成立？

3. 数据说明

本研究中样本数据选取的时间段为 2001—2015 年，各指标采用的数据均来源于《四川统计年鉴 2016》或根据其中的相关数据计算整理而来。其

中，农民工就业数量数据引用的是根据《四川统计年鉴 2016》相关数据所整理的表 4-1 中四川省 2001—2015 年农民工就业人数，是指在四川省内各产业、各行业工作的第二和第三产业乡村劳动力总量；产业产出数据来源于《四川统计年鉴 2016》，见表 4-5。实证分析借助 SPSS 软件实现。

表 4-5　四川省 2001—2015 年总产值及三次产业产值　　单位：亿元

年 份	地区生产总值	第一产业产值	第二产业产值	第三产业产值
2001	4293.49	981.67	1572.01	1739.81
2002	4725.01	1047.95	1733.38	1943.68
2003	5333.09	1128.61	2014.80	2189.68
2004	6379.63	1379.93	2489.40	2510.30
2005	7385.10	1481.14	3067.23	2836.73
2006	8690.24	1595.48	3775.14	3319.62
2007	10562.39	2032.00	4648.79	3881.60
2008	12601.23	2216.15	5823.39	4561.69
2009	14151.28	2206.53	6123.53	5821.22
2010	17185.48	2443.20	7902.18	6840.10
2011	21026.68	2937.70	10045.72	8043.26
2012	23872.80	3245.94	11240.02	9386.84
2013	26392.07	3368.66	12378.71	10644.70
2014	28536.66	3531.05	12839.60	12166.01
2015	30053.10	3677.30	13248.08	13127.72

（二）实证分析

进行相关性分析、假设检验之前，首先确定因变量是否服从正态分布。在 SPSS 中运行 “Frequencies（频率）” 并选择 “Skewness（偏度）”，可以得到因变量农民工就业数量的偏度区间，表 4-6 为各产业农民工就业数量的偏度测量。统计结果表明，各个产业的农民工就业数量 Skewness（偏度）值都在区间（-1，1）内，这说明对于因变量农民工就业数量可以进行皮尔逊（Pearson）相关性分析。

表 4-6　农民工就业数量的偏度测量

统计量				
		就业总数	第二产业	第三产业
N	有效	15	15	15
	缺失	0	0	0
偏度		-0.194	-0.661	0.378
偏度的标准误差		0.580	0.580	0.580

接着，对农民工就业数量进行单因素方差分析（one-Way ANOVA），结果表明，各组变量的总体显著性为0.000，小于显著性水平（0.05）。方差检验的假设为各水平下总体方差没有显著差异，因此，有理由拒绝系统初始假设，认为各水平下总体方差不等。这表明不同产业结构下农民工的就业数量具有显著性差异，因此，产业结构对农民工的就业数量具有显著影响，从而总假设H得到验证。

1. 四川产业总产出与农民工就业数量的相关分析

假设H0不同产业的产出对农民工的就业数量存在显著影响（有正向作用）。

进行相关性分析，统计结果如表4-7所示：四川产业总产出与农民工就业数量之间相关性系数为0.958，显著性水平为0.000小于0.01，这表明二者具有显著的正相关关系。由此，假设H0得到验证，产业的产出对农民工的就业数量存在显著的正向作用。

表 4-7　四川地区总产值与农民工就业总数的相关分析

相关性			
		就业总数	四川总产出
就业总数	Pearson 相关性	1	0.958**
	显著性（双侧）		0.000
	N	15	15
四川总产值	Pearson 相关性	0.958**	1
	显著性（双侧）	0.000	
	N	15	15

注：**表示在0.01水平（双侧）上显著相关。

2. 四川省三次产业产出与农民工就业数量的相关分析

假设 H1：第一产业产出对农民工的就业数量影响显著；假设 H2：第二产业产出对农民工的就业数量影响显著；假设 H3：第三产业产出对农民工的就业数量影响显著。

四川省三次产业产出与农民工就业数量的相关性分析结果见表 4-8、表 4-9、表 4-10，第一产业的产出与农民工就业总数、第二产业的产出与其对应的农民工就业数量及第三产业的产出与其对应的农民工就业数量都呈强相关，其相关系数分别为 0.975、0.816 和 0.907，并且显著水平均小于 0.01。可见，第一、第二、第三产业的产出与农民工就业数量均呈显著的正相关关系，假设 H1、H2 和 H3 得到了验证，即四川省三次产业产出与农民工就业数量显著正相关。

表 4-8　四川省第一产业产出与农民工就业总数的相关分析

相关性			
		就业总数	第一产业产值
就业总数	Pearson 相关性	1	0.975**
	显著性（双侧）		0.000
	N	15	15
第一产业产值	Pearson 相关性	0.975**	1
	显著性（双侧）	0.000	
	N	15	15

注：**表示在 0.01 水平（双侧）上显著相关。

表 4-9　四川省第二产业产出与第二产业就业农民工的相关分析

相关性			
		第二产业就业农民工	第二产业产值
第二产业就业农民工	Pearson 相关性	1	0.816**
	显著性（双侧）		0.000
	N	15	15
第二产业产值	Pearson 相关性	0.816**	1
	显著性（双侧）	0.000	
	N	15	15

注：**表示在 0.01 水平（双侧）上显著相关。

表 4-10　四川省第三产业产出与第三产业就业农民工的相关分析

相关性			
		第三产业就业农民工	第三产业产值
第三产业就业农民工	Pearson 相关性	1	0.907**
	显著性（双侧）		0.000
	N	15	15
第三产业产值	Pearson 相关性	0.907**	1
	显著性（双侧）	0.000	
	N	15	15

注：**表示在 0.01 水平（双侧）上显著相关。

3. 第二产业内部各行业与相应农民工就业数量的相关分析

假设 H4：第二产业内部各行业的产出对农民工的就业数量影响显著。

第二产业内部包括工业和建筑业，分别进行工业与相应农民工就业数量的相关分析、建筑业与相应农民工就业数量的相关分析，结果见表 4-11、表 4-12。可以看出，在第二产业内部，其产出水平分别与对应的农民工就业数量呈正相关关系。其中，工业产出与对应农民工就业数量的相关系数为 0.838，建筑业产出与对应农民工就业数量的相关系数为 0.68，而且二者显著水平分别为 0.000 和 0.005，均小于 0.01，因此，假设 H4 得到验证。

表 4-11　四川省工业产出与工业中农民工就业人数的相关分析

相关性			
		工业农民工就业人数	工业产出
工业农民工就业人数	Pearson 相关性	1	0.838**
	显著性（双侧）		0.000
	N	15	15
工业产出	Pearson 相关性	0.838**	1
	显著性（双侧）	0.000	
	N	15	15

注：**表示在 0.01 水平（双侧）上显著相关。

表 4-12　四川省建筑业产出与建筑业中农民工就业人数的相关分析

相关性			
		建筑业农民工就业人数	建筑业产出
建筑业农民工就业人数	Pearson 相关性	1	0.680**
	显著性（双侧）		0.005
	N	15	15
建筑业产出	Pearson 相关性	0.680**	1
	显著性（双侧）	0.005	
	N	15	15

注：**表示在 0.01 水平（双侧）上显著相关。

4. 第三产业产出内部各行业与相应农民工就业数量的相关分析

假设 H5：第三产业内部各行业的产出对农民工的就业数量影响显著。

第三产业内部包括批发零售业，交通运输、仓储和邮政业，住宿餐饮、生活服务、现代服务业等其他类第三产业。按行业分别就其产出与对应的农民工就业数量进行相关分析，结果见表 4-13、表 4-14 和表 4-15。

如表 4-13 所示，批发零售业产出与对应的农民工就业数量的相关系数为-0.338，且显著性水平为 0.218，大于 0.01 和 0.05，说明二者存在着一定的负相关关系，但这种相关关系较弱且较不显著。

如表 4-14 所示，交通运输、仓储和邮政业产出与其中农民工就业数量的相关系数为-0.534，显著性水平为 0.04，小于 0.05，说明二者在 0.05 水平上存在着一定的负相关关系。

如表 4-15 所示，住宿餐饮、生活服务、现代服务业等其他类第三产业产出与其中农民工就业数量的相关系数 0.854，且显著水平小于 0.01，表明二者之间存在较强的正相关关系。

前面验证发现，从整体看第三产业的产出与其对应的农民工就业数量呈显著的强相关关系，但并不意味着其中的每个行业产业与对应的农民工就业数量呈显著的正相关关系。

表 4-13 四川省批发零售业产出与其中农民工就业人数的相关分析

相关性			
		批发零售业农民工就业人数	批发和零售业产出
批发零售业农民工就业人数	Pearson 相关性	1	-0.338*
	显著性（双侧）		0.218
	N	15	15
批发和零售业产出	Pearson 相关性	-0.338*	1
	显著性（双侧）	0.218	
	N	15	15

注：*表示在 0.05 水平（双侧）上显著相关。

表 4-14 四川省交通运输、仓储和邮政业产出与其中农民工就业人数的相关分析

相关性			
		交通运输、仓储和邮政业农民工就业人数	交通运输、仓储和邮政业产出
交通运输、仓储和邮政业农民工就业人数	Pearson 相关性	1	-0.534*
	显著性（双侧）		0.040
	N	15	15
交通运输、仓储和邮政业产出	Pearson 相关性	-0.534*	1
	显著性（双侧）	0.040	
	N	15	15

注：*表示在 0.05 水平（双侧）上显著相关。

表 4-15 四川省住宿餐饮等其他类第三产业产出与其中农民工就业人数的相关分析

相关性			
		住宿餐饮、居民服务等其他第三产业农民工就业人数	住宿餐饮、其他类第三产业产出
住宿餐饮、居民服务等其他第三产业农民工就业人数	Pearson 相关性	1	0.854**
	显著性（双侧）		0.000
	N	15	15
住宿餐饮、其他类第三产业产出	Pearson 相关性	0.854**	1
	显著性（双侧）	0.000	
	N	15	15

注：**表示在 0.01 水平（双侧）上显著相关。

（三）结论

通过对四川省产业结构与农民工就业的相关性分析及假设检验，可以得出以下结论：

第一，四川省产业的总产出对农民工的就业数量具有显著的正向作用，而且，第一、第二、第三产业的产出对农民工就业数量影响均显著。

第二，在第二产业的内部，其产出水平也分别与对应的农民工就业数量呈现正相关关系。

第三，在第三产业内部，批发零售业的产出对该行业农民工的就业数量不具有显著影响；交通运输、仓储及邮电通信业的产出与该行业农民工的就业数量之间呈现负相关关系；而住宿餐饮、生活服务、现代服务业等其他类型的第三产业产出对相应的农民工的就业数量具有显著影响。

第三节　促进农民工就业与产业结构发展的良性互动

从统计数据来看，目前四川省产业结构处于“二三一”模式，而就业结构仍滞后于产业结构，呈“一三二”模式。从结构偏离度、比较劳动生产率和就业弹性三个指标对2001—2015年四川产业结构与就业结构进行的验证，得出几乎相同的结论。即第一产业仍存在大量农村剩余劳动力需要转移出去；第二产业就业结构滞后于产业结构，第二产业能够提供更多的机会吸纳农民工就业，不过其带动就业的能力还有较大的空间，大力发展第二产业能够解决就业问题；第三产业吸收了大量从第一产业转移出来的劳动力，不过还没有完全发挥其吸纳劳动力就业的能力，未来还有较大的空间，为此有必要进一步优化第三产业结构。

从农民工的就业情况看，2001—2015年，农民工总体呈增加的趋势，第二产业、第三产业农民工就业人数都有所增加，在第二产业内部采掘业的农民工人数呈下降趋势，而制造业和建筑业的农民工人数均有上涨。当然以采掘业与制造业的加总代表工业而言，则工业领域从业的农民工人数也呈上升趋势。第三产业内部，在批发零售业、交通运输业、仓储和邮政业从业的农民工在2001—2011年略有上升，但2011—2015年，从业农民工呈明显的下降态势。第三产业中住宿餐饮、居民服务等其他类型的第三产业农民工从业人数在2001—2011年基本持平、变化不大，但2011年以后却呈显著的上涨趋势。通过相关性分析发现，四川省2001—2015年产业的总产出对农民工的就业数量具有显著的正向作用，而且，第一、第二、第三产业的产出对农民工就业数量影响显著。从产业内部来看，第二产业中的工业和建筑业产出水平均分别与对应的农民工就业数量呈现正相关关系。第三产业内部住宿餐饮、生活服务、现代服务业等除批发零售、交通运输、仓储和邮政通信业的其他类型的第三产业产出对相应的农民工的就业数量具有显著影响，而四川省批发零售业的产出对该行业农民工的就业数量不具有显著影响；交通运输、仓储及邮电通信业的产出与该行业农民工的就业数量之间呈现负相关关系。

一、四川省产业结构对农民工就业的影响

（一）产业结构调整对农民工就业的有利影响

1. 第三产业就业机会的增加

产业结构的优化升级，会给农村剩余劳动力带来工作机会，尤其四川三次产业中第三产业较之前呈上升的态势（见图4-2），表明第三产业具有较强的吸纳农民工就业的潜力，并且也将随着第三产业内部结构的优化成为就业的主要渠道。原因在于第三产业包括的领域比较多，可以吸纳不同层次的人就业，部分行业对学历和技能的要求和限制较低，而且第三产业中新兴的物流业、现代服务业等对就业表现出较强的吸引力，所以这些行业是农民工就业的合适途径。

2. 培训机会的增加

随着产业结构的调整升级，用人单位的要求和标准在不断提高。部分企业逐渐意识到对农民工培训的重要性，为农民工提供了更多专业技能的

培训。通过定期对农民工进行生产技术、产品营销等方面的培训，提高农民工自身的技能水平的同时，也提高了企业的生产效率和经济效益，达到了双赢的效果。为了改变农民工劳动力素质不适应产业升级的状况，政府加强了对农民工培训的力度。2014 年，四川省开始组织实施“青年劳动者技能培训行动”，启动“春潮行动”等专项培训计划，全年共培训农民工 99.1 万人，其中，就业技能培训 69.0 万人，品牌培训 4.4 万人，岗位技能提升培训 18.3 万人，创业培训 7.5 万人①。

3. 增加农民工自我创业的机会

中西部地区历来是农民工的主要输出地，而东部沿海地区是传统农民工的主要输入地，1978 年改革开放以来，这种跨省域的流向是农民工流动的主要路径。但在 2008 年全球金融危机爆发后，2011 年左右在全球金融危机的风波尚未完全散尽时，这种农民工流动的方向有了新的变化，农民工省域内转移量逐渐增加，农民工回流现象不断出现。这也意味着中西部地区劳动密集型产业的崛起或就业环境的改善对农民工就近就业的吸纳能力在增强，使农民工就业在地域空间上有了更务实的选择。

近年来，随着新型城镇化战略的实施，四川省农民工由原来的偏向于北上广打工发展到目前就近省内就业或回流现象。《2011 年四川省人力资源和社会保障事业发展统计公报》数据表明，2011 年末，四川省农村劳动力转移输出总量达到 2300.5 万人，比上年增加 54.6 万人。其中，省内转移 1091.7 万人，增加 77.8 万人；省外输出 1205.2 万人，减少 21.4 万人，省外输出首见减少，农村劳动力转移输出就业格局出现新变化。《2015 年四川省人力资源和社会保障事业发展统计公报》数据显示，2015 年末四川省农村劳动力转移输出 2478.9 万人，比 2014 年增加 6.7 万人。其中，省内转移 1339.7 万人，增加 26.6 万人；省外输出 1136.2 万人，减少 18.4 万人，外派劳务 3 万人，减少 1.5 万人。四川省农民工省内转移的人数不断增加，而省外输出的人数持续减少。农民工省内就业或回流创业，一方

① 数据来源于《2014 年四川省人力资源和社会保障事业发展统计公报》。

面，为四川产业结构的调整提供了劳动力支持；另一方面，通过创业解决了就业问题，活跃了地方经济，并且在一定程度上也起到了带动就业的作用。

（二）产业结构调整对农民工就业的不利影响

（1）第二产业吸纳农民工就业的能力趋缓。从2001—2015年看，第二产业中的工业和建筑业吸纳的农民工就业数量呈上升走势。但随着第二产业结构内部的优化，特别是随着高新技术在工业中所占比重的增强，工业结构升级转型的过程中，必然会对农民工产生一定的“挤出”效应，向农民工提供的工作岗位将减少或由于第二产业招工要求的提高，而事实上减少农民工在技术含量较高的工业领域的就业。另外，现有工业领域的岗位在技术升级过程中，不可避免地会产生一定数量的城市下岗失业人员，由于城乡身份存在差异，这也在一定程度上会对农民工就业形成冲击。建筑业在新型城镇化战略下吸纳农民工的数量虽有所增加，但不会是无限上升，而是随着城镇化质量化、内涵化的发展，建筑业的发展越来越趋于饱和，因此，建筑业吸纳农民工的数量会有所增加但有一定限度。综合来看，第二产业吸纳农民工就业的能力会趋于缓慢。

（2）结构性失业加剧。无论是从三次产业之间的就业比重处于“一三二”模式来看，还是从三次产业内部结构来看，就业结构与产业结构不一致的问题都比较突出，故四川劳动力市场中还存在比较明显的结构性失业问题。对于总体技术水平偏低的农民工来说，这一矛盾会更突显。即劳动力市场上结构性失业表现为存在失业的市场和存在岗位空缺的市场同时存在。具体反映在农民工就业难与“用工荒”及“技工荒”之间的矛盾。随着经济的不断增长，岗位的稀缺加剧了农民工就业的竞争。第二产业的结构升级逐步调整为依靠科技进步，四川省也在产业结构调整中积极发展适应科技进步和市场需求的新兴产业，打造高新技术产业集群、不断提高产业的科技含量。在第三产业内部优化升级过程中，力图促进产业结构的多元化和高级化，同样融入了现代信息技术、绿色低碳等理念，客观上对农民工就业机会增加的同时，势必也提高了要求。这种产业的升级必然会促使企业寻找技术更为专业的农民工就业，随着升级的步伐不断加快，大多数制造企业招工的条件都开始有学历上的要求或技工的资格，将大部分普通的农民工限制在外。可见，农民工的就业必须去适应产业结构的发展，不断提升自身的核心就业竞争力，当然客观上也需要国家层面的高度支持与关注。

二、解决产业结构调整对农民工不利影响的对策

（一）加强对农民工的培训，减少结构性失业

产业结构的升级通常是逐渐由劳动密集型向技术密集型转变的过程，必然会引起结构性失业。为解决这一问题，根本措施是适应产业结构调整升级的步伐，提高农民工的综合竞争力，而不仅仅是岗位所需要的专业技能。因此，就要尽快加强对农民工的职业教育或培训。为此，建议做好三方面的统筹安排。

1. 构建全国层面的农民工职业教育和培训体系

国家应该重视促进农民工群体就业创业的职业教育和培训体系构建，建议在中央和地方均成立专门的管理机构，从顶层设计出发，制定全国范围的统一标准，满足不同层面农民工的职业能力需求，建立解决农民工就业的长效机制。其中，专门的管理机构负责为农民工提供就业信息的指导和引导服务，包括提供市场和产业需求信息；或者提供岗位对接服务，以便使农民工就业培训更有针对性，有效解决就业问题。从职业教育和培训体系的构成来看，应该包括新生代农民工寻找工作、准备就业的需求，在岗新生代农民工就业能力提升的需求，以及新生代农民工创业能力的需求。在国家统一制度设计和安排下，各地方结合各自的实际可以细化或具体化该体系的运行措施。

建议通过 5 年左右的时间筹备和构建农民工职业教育和培训体系。五年过渡期中，可以根据企业实际需要，整合现有的职业学校，由专门管理机构负责协调企业岗位需求、农民工求职需求与职业学校的供给能力，短

期解决农民工求职就业的需求，则主要以农民工的职业技能培训为主，以便促进农民工就业。如短期来看，某企业有电工、快递员等岗位需求，专门的管理机构可发布企业的用工信息，并协调企业与职业学校开设农民工短期培训班，主要培训农民工在电工和快递员岗位上的实用性知识和技能，根据企业的需求考核合格后即上岗。

2. 适应产业结构发展，提升农民工的就业竞争力

根据农民工的不同需求，在适应产业结构发展的要求的基础上，为农民工提供职业教育或培训，旨在培养农民工的综合就业竞争力。为了促进三次产业内涵式、质量化发展，要将农民工的综合就业竞争力的培养与提升作为根本任务，而不能仅以基本的岗位技能需求作为培训的唯一任务。这样也能够使他们在遇到经济环境和形势的改变、产业结构进一步调整等变化时，及时做出调整和改变，主动去适应这种变化，进而提高就业质量和适应能力，缩短或减少可能由于结构性变化引发的摩擦性失业带来的时间或经济损失。

3. 多元方式筹措农民工教育和培训资金

政府应该给予该项目专门的财政预算进行资金支持。除国家财政拨款支持农民工教育和培训外，可结合金融手段筹措资金，也可通过补贴等方式吸引社会资本的参与，例如：对于真正解决农民工就业的职业学校或用人企业或第三方专门的培训机构可给予一定的财政补贴进行激励。

（二）促进产业结构的优化升级，增加就业机会

大力发展第三产业，特别是现代服务业，提高第三产业在区域发展中的地位和贡献度，促进第三产业内部的合理化、高级化，增加农民工就业。要深化批发零售行业的发展，增加其与电子商务、现代信息技术、现代物流等领域的融合，进而有效增加农民工的就业。挖掘交通运输、仓储和邮电通信业行业的业务量，提升这个领域发展与农民工就业之间的正向带动作用。此外，要大力发展绿色、低碳、高效的生产性服务业和智慧旅游业为核心的现代服务业体系，运用现代信息技术改造升级生活性服务

业，扩大服务供给，促进生活性服务业向精细化和高品质转变。加快发展电子商务、现代物流、现代金融、科技服务、养老健康服务、服务外包等新兴先导型服务业；大力提升生产性服务业高端化、专业化、标准化发展水平，促进现代服务业与先进制造业、现代农业融合发展；加强旅游资源开发和品牌营销，积极发展休闲度假旅游、乡村旅游、红色旅游、生态旅游；发展壮大文化旅游、出版发行、影视、演艺娱乐、印刷复制、动漫游戏、创意设计等产业①，加大社区服务业的发展，继续增加农民工的就业机会。

提高高新技术在工业结构中的比重，打造高新技术产业集群，稳步实现第二产业的合理化与高级化。注意在一定时期内实行劳动密集型产业和资本、技术密集型产业并行发展。在速度上，产业结构调整的步伐不宜过快，要稳步推进，进而确保就业在可控的范围内。同时，注意按产业结构发展的程度，通过职业教育和培训提升农民工的就业竞争力，适应新领域、新岗位甚至新的变化。政府要给农民工学习和培训的机会、资金支持与时间，使他们适应产业结构调整后的岗位需求，并留有一定的就业空间。

促进第一产业内部的合理化和高级化，促进产业内的高质量就业。加快转变农业发展方式，发展多种形式适度规模经营，推动种养加一体、一二三产业融合发展，构建现代农业产业体系、生产体系、经营体系。优化特色农业区域布局，加快现代农业（林业、畜牧业）重点县建设，支持高原农业发展，打造优势特色农业产业带和现代农业示范区。加快建设特色水果、蔬菜、茶叶、木本油料、食用菌、中药材、烟叶、蚕桑、木竹、花卉等集中发展区，稳定生猪生产，大力发展牛羊养殖，积极发展禽、兔、蜂等特色产业，建设四大林业产业区。培育壮大新型农业经营主体，培养新型职业农民，提升农业产业化水平。积极发展农产品精深加工，加快建设农产品深加工基地。延展农业功能，积极发展休闲观光农业等新业态②。

① 四川省加快推进生态文明建设实施方案［N］. 四川日报，2016-04-02.

② 四川省国民经济和社会发展第十三个五年规划纲要［N］. 四川日报，2016-02-25.

（三）制定相关政策，做好农民工就业保障

政府相关职能部门要制定全面保障农民工就业的政策，形成规范系统的农民工就业保障体系。首先，应该建立统一、规范的农民工职业教育和培训体系。设立从国家到地方各级专门的管理机构负责专门统筹管理，对农民工就业进行指导和服务。其次，制定并实施保护农民工权益及确保农民工职业教育和培训正常开展的政策法规。定期宣传法律常识和劳动权益保护常识，提高农民工的维权意识。再次，要重视农民工的生活保障问题。着力解决好农民工在城市的住房、子女教育等实际问题，确保与城市居民有相同的生活权利。

总之，随着经济的发展、城镇化进程的加速、信息技术的迅猛发展，四川省产业结构发生了较大的变化。农民工为社会经济发展和产业结构的调整做出了不同程度的贡献，但随着技术的进步，产业升级也给这个人群带来了不利影响。为此应该由国家统一进行顶层设计，构建农民工职业教育和培训体系，加强对农民工的综合能力培训，提高他们的就业竞争力，以适应不同的工作岗位需求和新形势的变化。

第五章　新生代女性农民工就业问题的调研分析

由于统计年鉴缺少对于女性农民工的数据，更没有关于新生代女性农民工的统计资料，本章对于新生代女性农民工就业问题及竞争力构建的进一步分析主要基于教育部人文社科《适应产业结构发展的新生代女性农民工就业竞争力构建研究》课题组的调研访谈。调研访谈选取北京作为外来女性农民工就业地的代表，福建莆田作为女性农民工本地就业的代表，而安徽省蒙城县和内蒙古自治区翁牛特旗都是县域城镇有相似性，则针对本地化就业的女性农民工进行调研，也有对外地就业的样本资料，方便进行区域差异的对比分析。

第一节　北京新生代女性农民工就业问题调研分析

一、北京市产业结构与就业结构的协调性分析

（一）北京市产业结构与就业结构发展现状

1. 北京市产业结构发展现状

1978 年以来，经过 30 多年的持续高速增长，首都北京的经济发展水平已迈上新台阶，进入新阶段。北京经济在 1981—2010 年获得飞速发展，年均增速达到 10.55%，高于全国 9.88%的平均水平①。2011 年，北京经济

① 刁琳琳．京津冀协同发展中的北京市产业结构转型与升级问题［J］．领导之友，2016（3）．

增速首次出现拐点，告别了两位数的高速增长期，由2010年10.2%的年增速，下降到2011年8.1%的年增速，此后的2012—2016年年增速均在一位数的水平上，分别是7.7%、7.7%、7.3%、6.9%、6.7%①。表明北京经济发展方式的转变进入更深层次，由生产领域拓展到生活领域，由减量为主向提高质量为主转变。

与此同时，北京目前的产业结构已经实现了典型的“三二一”的发展模式。1978年，北京地区生产总值中三次产业比例结构为5.1∶71.0∶23.9，呈“二三一”模式，第一产业下降到较低水平，第二产业比重高达71.0%，成为当时北京最重要的产业。1994年，北京三次产业在地区GDP中的比重演变为5.8∶45.1∶49.1，开始呈现出“三二一”模式，第三产业与第二产业共同成为北京最重要的产业类型。2006年，北京三次产业的比例结构进一步演变为1.1∶26.8∶72.1②，呈现出与国际发达国家产业结构接近的“三二一”模式，且第三产业占有绝对优势。2013年，北京开始重点升级改造低端产业。2014年，开始启动低端产业外迁和升级。2016年，产业结构进一步优化，第一、第二、第三次产业的比例由2015年的0.6∶19.7∶79.7调整为0.5∶19.2∶80.3③，产业结构实现合理化并且向高级化发展。

具体来看，北京第一产业实现了战略性结构调整，都市型现代农业获得显著发展。北京京郊农村按照城市功能拓展区、城市发展新区、生态涵养发展区的功能定位建设发展，着力发展精品农业、节水农业、观光农业、设施农业等特色产业。目前，北京农业已从单一生产功能向生态功能和生活功能拓展。农业生产规模不断缩小，农业科技含量日益增大，效益有了提高，农村城镇化速度加快。第二产业结构明显改善。遵循新型工业化发展道路，北京市加快形成了以高新技术产业、现代制造业为主，改造、优化传统优势产业为基础，都市型工业为补充的新型工业结构。其中，资源型工业发展得以

---

① 数据来源于《北京市2014年国民经济和社会发展统计公报》《北京市2016年国民经济和社会发展统计公报》。

② 数据来源于《北京统计年鉴2015》。

③ 数据来源于《北京市2016年国民经济和社会发展统计公报》。

控制，效果明显；高新技术产业、现代制造业、现代服务业得到较快发展。第三产业保持发展活力，经济增长贡献率大幅提升。第三产业贡献率从2014年的78.35跃升到2015年的90.25①。现代服务业有了新的发展，金融业、信息传输计算机服务软件业、房地产业成为北京市现代服务业的三大支柱行业。文化创意产业也在成为新的经济增长点。

2014年2月以来，基于“全国政治中心、文化中心、国际交往中心、科技创新中心”新城市功能的定位，北京正在疏解非首都功能的产业。产业结构演变也表现出高端化的特征：一是北京三大产业间结构的调整已趋于稳定，结构调整的重点已转向各产业内部，产业结构向高端化发展。2015年，北京的生产性服务业、文化创意产业、高技术产业和现代制造业的增加值占GDP的比重分别达到52.9%、13.8%、22.4%和7.3%。二是北京涉及第二、第三产业的高端产业功能区特色发展鲜明，例如：金融街以金融业、中关村以工业和科学研究与技术服务业、CBD以金融业和租赁与商务服务业、开发区以工业和批发零售业等为主导，成为北京经济向高端、高效、高辐射发展的重要力量。三是在京津冀协同发展的背景下，区域经济协作程度进一步加深，北京在疏解非首都功能的过程中，不断将劳动密集型产业或与首都功能定位不符的产业外迁，并逐渐形成以生产性服务业、高端装备制造、智能制造和服务等行业为主，在产业高端环节和尖端科技领域聚焦发展的主导性产业。

2. 北京市就业结构发展现状

产业结构调整必将引起劳动力在产业间的流动。1978年，北京市三次产业的就业比重之比为28.3∶40.1∶31.6，呈“二三一”模式。随后第一产业就业比重持续下降，第二产业就业比重波动式上升，而第三产业就业比重持续上升，到1992年，三次产业的就业比重之比变为13∶43.4∶43.6，北京就业结构首次呈现“三二一”模式。1993年以后，北京第一产业就业比重总体上仍呈下降趋势，第三产业就业比重仍继续上升，而第二

① 数据来源于《北京统计年鉴2016》。

产业就业比重总体上则呈下降趋势，就业结构不断优化。2003 年，第一产业就业比重开始出现一位数，为 8.9%，三次产业就业比重之比为 8.9∶32.1∶59；2008 年，第三产业就业比重开始超过 70%，达到 72.4%，三次产业就业比重之比为 6.4∶21.2∶72.4；2015 年，北京市三次产业的就业比重之比为 4.2∶17∶78.8①，就业结构进一步优化。

（二）北京市产业结构与就业结构的协调性分析

本节同样选取产业结构偏离度、比较劳动生产率和就业弹性三个指标来探讨和评价北京产业结构与就业结构的协调性。为了便于数据的获得，相关数据均来自于《北京统计年鉴 2016》，选取的时间段仍是 2001—2015 年。由于第四章对产业结构偏离度、比较劳动生产率和就业弹性三个指标的概念和含义进行过说明，故此处将直接进行分析过程。

1. 北京市产业结构偏离度分析

产业结构偏离度是衡量产业结构与就业结构是否均衡的重要测度方法。本研究中采用的产业结构偏离度概念指的是各产业占 GDP 的比重和就业比重之比与 1 的差。根据《北京统计年鉴 2016》相关数据进行计算得到北京市三次产业结构偏离度，见表 5-1。

表 5-1 北京市三次产业产值比重、就业比重及产业结构偏离度

年份	各产业产值比重			各产业就业比重			各产业结构偏离度		
	第一产业	第二产业	第三产业	第一产业	第二产业	第三产业	第一产业	第二产业	第三产业
2001	2.1	30.7	67.2	11.3	34.3	54.4	-0.814	-0.105	0.235
2002	1.9	28.9	69.2	10.0	34.6	55.4	-0.810	-0.165	0.249
2003	1.6	29.6	68.8	8.9	32.1	59.0	-0.820	-0.078	0.166
2004	1.4	30.6	68.0	7.2	27.3	65.5	-0.806	0.121	0.038
2005	1.2	28.9	69.9	7.1	26.3	66.6	-0.831	0.099	0.050
2006	1.1	26.8	72.1	6.6	24.5	68.9	-0.833	0.094	0.046

① 数据来源于《北京统计年鉴 2016》。

续表

年份	各产业产值比重			各产业就业比重			各产业结构偏离度		
	第一产业	第二产业	第三产业	第一产业	第二产业	第三产业	第一产业	第二产业	第三产业
2007	1.0	25.3	73.7	6.5	24.2	69.3	-0.846	0.045	0.063
2008	1.0	23.3	75.7	6.4	21.2	72.4	-0.844	0.099	0.046
2009	1.0	23.1	75.9	6.2	20.0	73.8	-0.840	0.156	0.029
2010	0.9	23.6	75.5	6.0	19.6	74.4	-0.850	0.204	0.015
2011	0.8	22.6	76.6	5.5	20.5	74.0	-0.855	0.103	0.035
2012	0.8	22.2	77.0	5.2	19.2	75.6	-0.846	0.156	0.019
2013	0.8	21.7	77.5	4.8	18.5	76.7	-0.833	0.173	0.010
2014	0.7	21.4	77.9	4.5	18.2	77.3	-0.844	0.176	0.008
2015	0.6	19.7	79.7	4.2	17.0	78.8	-0.857	0.159	0.011

数据来源：《北京统计年鉴 2016》或根据相关数据计算而来。

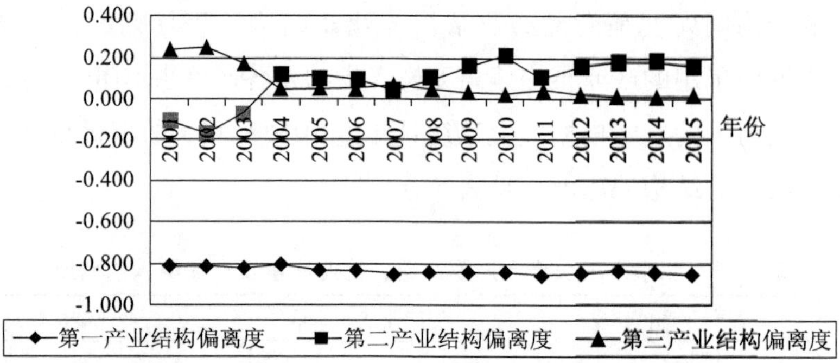

图 5-1　2001—2015 年北京市三次产业结构偏离度

由表 5-1、图 5-1 可以看出，2001—2015 年北京市产业结构与就业结构之间的结构偏离度有以下特点：

（1）第一产业的结构偏离度是负值。说明第一产业的产业结构与就业结构出现了偏差，表明第一产业存在着大量的剩余劳动力需要转移出去。同时，结构偏离度系数比较集中，一直处于-80%～-86%，其绝对值不断接近于 1，意味着第一产业产值结构与就业结构不断在向均衡运行。不过该系数也有小幅下降的态势，离 0 值有所偏离，表明第一产业结构偏差有增大的可能，虽然北京是全国经济比较发达的城市，但第一产业与就业结构并没有达到均衡，加上城市化的发展及北京首都功能的定位，劳动力仍然需要向第二、第三产业转移。

（2）2001—2003 年，第二产业结构偏离度为负值，表明这三年第二产业需要转移劳动力出去。此后均为正值，说明 2004—2015 年，北京市第二产业具备进一步吸纳就业的能力。

（3）北京市第三产业结构偏离度呈现出递减的趋势，并且近几年该系数值均接近于 0，表明北京市第三产业吸纳了大量第一产业转移的劳动力，产业结构与就业结构趋于均衡。

总之，在最近 15 年时间里，第一产业需要转移出去的劳动力在增加，而第二、第三产业具有劳动力转入的可能性，其中，第二产业应该吸纳更多的劳动力，第三产业产业结构和就业结构正在向均衡状态接近，吸纳转移劳动力的空间也在缩小。

2. 北京市三次产业的比较劳动生产率分析

比较劳动生产率是指一个部门的产值比重与该部门就业的劳动力比重的比值。根据《北京统计年鉴 2016》相关数据进行计算得到 2001—2015 年北京市三次产业比较劳动生产率，见表 5-2。

表 5-2　2001—2015 年北京市三次产业比较劳动生产率

年 份	第一产业比较劳动生产率	第二产业比较劳动生产率	第三产业比较劳动生产率
2001	0. 186	0. 895	1. 235
2002	0. 190	0. 835	1. 249
2003	0. 180	0. 922	1. 166
2004	0. 194	1. 121	1. 038
2005	0. 169	1. 099	1. 050
2006	0. 167	1. 094	1. 046
2007	0. 154	1. 045	1. 063
2008	0. 156	1. 099	1. 046
2009	0. 160	1. 156	1. 029
2010	0. 150	1. 204	1. 015

续表

年 份	第一产业比较劳动生产率	第二产业比较劳动生产率	第三产业比较劳动生产率
2011	0. 145	1. 103	1. 035
2012	0. 154	1. 156	1. 019
2013	0. 167	1. 173	1. 010
2014	0. 156	1. 176	1. 008
2015	0. 143	1. 159	1. 011

数据来源：根据《北京统计年鉴 2016》相关数据进行计算得出。

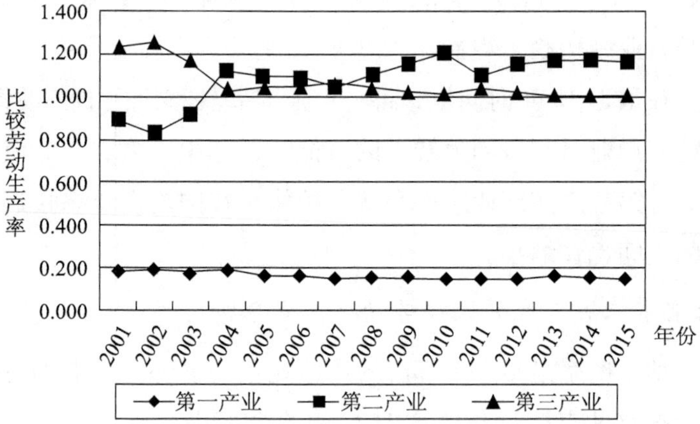

图 5-2　2001—2015 年北京三次产业比较劳动生产率

由表 5-2、图 5-2 所示，2001—2015 年北京三次产业比较劳动生产率的特征主要有：

（1）第一产业比较劳动生产率均小于 1，且都在 0. 2 以下，而且呈现递减的趋势，这说明北京市第一产业仍然存在大量隐性失业劳动力，并且随着城市化进程的快速发展，第一产业剩余劳动力亟待转移到其他部门。

（2）第二产业比较劳动生产率在 2001—2003 年小于 1，表明此时第二产业仍存在剩余劳动力。2004—2015 年，该值大于 1，不过变化幅度不大，维持在 1~1. 2，说明在此期间，第二产业对劳动力的吸纳能力没有大幅度提高。

（3）第三产业比较劳动生产率均大于 1，且呈下降的趋势，表明第三产业有吸纳就业的能力，而且从图5-2可以看出，2001—2003年，其吸纳就业的能力较强，此后，该值越来越趋近于1，说明经历了产业升级和转移后，北京第三产业产值与就业基本达到均衡。

比较而言，北京第一产业仍有大量农村剩余劳动力需要转移到第二或第三产业，而第二产业对劳动力就业的吸纳能力作用不太明显，第三产业具有吸纳其他产业转移、促进就业的作用，但其吸引就业的空间在减小。

3. 北京市三次产业的就业弹性分析

就业弹性反映经济增长对就业的拉动程度，是指经济增长每变化一个百分点所对应的就业数量变化的百分比。用公式表示为：

某产业的就业弹性=某产业的就业增长率/该产业的产值增长率

根据《北京统计年鉴2016》相关数据进行计算得到2001—2015年北京市三次产业的就业弹性，见表5-3。

表5-3　2001—2015年北京市三次产业的就业弹性

年份	第一产业就业弹性	第二产业就业弹性	第三产业就业弹性
2001	-1.385	0.353	0.050
2002	-2.092	0.941	0.507
2003	-4.489	-0.212	0.673
2004	-0.447	0.127	1.825
2005	1.079	-0.078	0.239
2006	3.291	-0.310	0.415
2007	0.061	0.083	0.130
2008	0.286	-2.286	0.545
2009	-0.262	-0.462	0.375
2010	-0.255	0.084	0.271
2011	-0.393	0.768	0.187
2012	-0.299	-0.389	0.544
2013	-0.426	-0.096	0.388
2014	13.255	-0.081	0.270
2015	0.341	91.124	0.443

数据来源：《北京统计年鉴2016》或根据相关数据计算而来。

由表 5-3 可以看出：

（1）2001—2015 年，北京第一产业就业弹性系数多数为负值，表明多数年份里，第一产业对就业的吸纳能力在下降，主要表现为“挤出”效应，大量的劳动力转移到第二、第三产业。不过在 2005—2008 年期间及 2014—2015 年，第一产业就业弹性系数为正值，表明这几年时间里，第一产业对就业具有一定的拉动作用。

（2）在所探讨的 2001—2015 年共 15 年间，第二产业就业弹性系数有 7 年为正值，有 8 年为负值，表明北京第二产业对就业的拉动作用很不明显。

（3）2001—2015 年，各年份的第三产业就业弹性系数均为正值，表现出第三产业对就业具有拉动效应。

综合来看，在 2001—2015 年的 15 年时间里，第三产业发挥着解决劳动力就业的主要作用，在促进劳动力就业的过程中发挥着主导作用；第二产业对劳动力就业的拉动作用不明显；第一产业则表现为劳动力过剩和净流出。

二、北京市新生代女性农民工就业问题调研分析

基于北京市产业结构偏离度分析、比较劳动生产率分析和三次产业就业弹性分析，大体得出一致的结论：北京第一产业仍然存在大量剩余劳动力需要转移出去，第二产业吸纳了许多农村剩余劳动力，对就业的拉动作用已不明显，而第三产业是解决劳动力就业的主要产业。从产业结构发展现状来看，北京三次产业早在 1994 年已经达到“三二一”的模式，不断趋于合理化和高级化。2009 年，由政府主导的大规模的“城中村”改造实施。2013 年，开始重点升级改造低端产业。2014 年，开始启动低端产业外迁和升级。随着 2014 年北京“四个中心”新城市功能定位、京津冀一体化发展战略的实施及非首都功能的疏解，北京市的产业结构得到进一步优

化。《2017 年北京市政府工作报告》回顾了北京市 2016 年的产业发展情况：高端产业发展态势良好，金融、信息、科技服务业对经济增长的支撑作用明显，服务业占地区生产总值的比重超过 80%。文化创意产业活力不断增强，企业总收入增长 8%以上。实施《中国制造 2025》北京行动纲要，现代制造业增加值增长 10%以上。同时指出 2017 年产业结构优化的目标：着力推动产业高端化发展。落实加快生产性服务业发展的实施意见，巩固提升金融、科技、信息、商务服务等优势产业，大力发展节能环保服务、计量标准、检验检测认证、人力资源等新兴产业，加快奥体文化商务园、新首钢高端产业综合服务区建设。支持传统优势企业实施绿色制造和智能制造技术改造，加快机器人创新产业基地、集成电路产业园、新能源智能汽车产业园建设，推动创建“中国制造 2025”示范区。完善促进总部经济发展的政策措施，优化提升总部经济。

显然，北京产业结构的继续优化升级必然带来就业结构的优化，将产生大量的新兴岗位及用人需求，因此，这样的产业发展对于新生代女性农民工的就业来说无疑是一次好的机遇。但同时不可避免的是，北京市产业的高端化发展必将会导致第二产业、第三产业劳动力市场出现结构性失业。主要原因在于在产业结构调整优化中，大部分新生代女性农民工受教育程度偏低、职业技术水平有限，会使她们在从事信息、科技及商务等高新技术领域服务业时存在一定的难度，所以那些无技能或技能水平低的女性农民工会出现就业困难的情况，从而产生结构性失业，导致劳动力在不同产业间的流动或甚至不同区域间的流动，加剧了新生代女性农民工在京就业的不稳定性和不确定性。为此，必须加强对女性农民工的教育与培训，提升她们的就业竞争力，引导其合理选择就业方式。其次，要加强对新生代女性农民工二次劳动转移的引导。随着京津冀一体化战略的实施，北京的功能定位进一步清晰，因此，北京市应将调整自身产业结构与在京津冀的区域定位联系在一起。在将不符合北京定位的企业向外进行转移时，例如：动物园服装批发城、大红门服装城的外迁，社区菜市场的清理及便民菜篮子工程建设，都要注重对农民工的再转移的引导，制定配套的法规、制度，在农民工二次转移过程中为农民工的就业权益提供更好的保障。

2013—2015年，面向北京新生代农民工先后共发放了问卷约900份，收回问卷且有效问卷约837份，有效问卷率达93%。其中，新生代女性农民工为517份，男性农民工320份。本节即以北京新生代女性农民工为研究对象，通过问卷调查和个别访谈的方式获得数据资料，探讨和分析她们在产业结构升级背景下和产业政策调整过程中的就业与再就业及就业竞争力构建问题。

（一）北京新生代女性农民工的基本特征

1. 基本信息

517位北京就业的新生代女性农民工样本中，来自京外的占94%，486人；京内的比例仅6%，31人。已婚的占比约为38.7%，200人；未婚的占比约为61.3%，317人。从年龄来看，年龄在18~24岁的109人，占全部样本的比例为21.1%；25~30岁的有210人，占全部样本的比例为40.6%；31~37岁的198人，占全部样本的比例为38.3%。其中，67.5%的新生代女性农民工没有务农经历，仅有32.5%的人表示有过务农经历。从受教育情况看，79.7%的人拥有高中及以上文化程度；约43.3%的人拥有中专以上学历，大专及以上学历的人仅有15.1%。其中，初中文化程度的有105人，占全部样本的比例为20.3%；高中文化程度的188人，占比36.4%；中专文化程度的45人，占比8.7%；高职文化程度的101人，占比19.5%；大专学历的57人，占比11%；大学本科学历的21人，占比4.1%。这些人中拥有职业技术资格的情况不太理想，67%的人没有任何职业技术资格，仅20%的人有初级工资格证书，13%的人有中高级工资格证书，见表5-4。

表 5-4　北京新生代女性农民工的基本信息

变量	特征	人数	百分比（%）	变量	特征	人数	百分比（%）
京内外户籍	京外	486	94.0	文化程度	初中	105	20.3
	京内	31	6.0		高中	188	36.4
婚否	已婚	200	38.7		中专	45	8.7
	未婚	317	61.3		高职	101	19.5
年龄	18~24 岁	109	21.1		大专	57	11.0
	25~30 岁	210	40.6		大学本科	21	4.1
	31~37 岁	198	38.3	职业技术资格	没有	344	66.6
务农经历	没有	349	67.5		初级工	104	20.1
	有	168	32.5		中、高级工	69	13.3

2. 从业分布情况

北京新生代女性农民工就业单位类型包括国有或国有控股企业、外企、私营企业、个体工商户、城市自主创业。其人员分布情况见图 5-3。

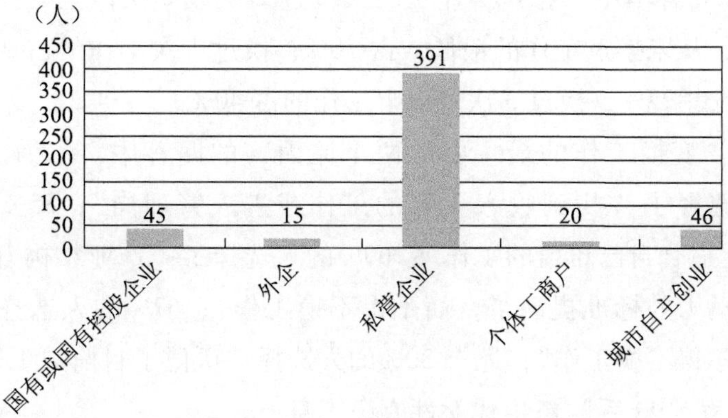

图 5-3　北京新生代女性农民工就业单位人员分布

从行业分布来看，她们就职的行业主要涉及第二产业的加工制造业，如服装厂、食品厂、饮料厂；第三产业的住宿餐饮和娱乐业、批发零售业、家政服务业、地产中介、证券保险销售、医药销售、美容美发、物流快递、外卖骑手、家装设计等，具体人员分布情况见表 5-5。

表 5-5　北京新生代女性农民工行业分布情况

产 业	行 业	人 数	百分比（%）
第二产业的加工制造业	服装厂	14	12
	食品厂	25	
	饮料厂	23	
第三产业	住宿餐饮和娱乐业	65	88
	批发零售业	102	
	家政服务业	40	
	地产中介	59	
第三产业	物流快递	6	88
	医药销售	33	
	家装设计	10	
	证券保险销售	65	
	美容美发等服务业	71	
	外卖骑手	4	

（二）北京市新生代女性农民工工作变动情况分析

1. 工作稳定性分析

北京新生代女性农民工总体看变换工作比较频繁，工作不稳定性较为明显。517 份样本中，有 60%左右的人有过 2 次或 2 次以上变换工作的经历。其中，从未换过工作的最低，占 10%；换过 1 次工作的占 28%；换过 2 次工作的占 22%，换过 3 次及以上工作的占 40%。

关于“变换工作的最主要的两个原因”的回答中，作为多选题目，93%的人选择了“找到收入更好的工作或进入管理岗”；85% 的人认为“找到了更适合自己价值的工作”；69%的人选择了“产业结构升级和企业转型对劳动力的标准提高了，而不得不换工作”；67%的人选择“企业发展的不顺不得不换工作”；还有 30%的人选择“厌倦了目前的工作”，集中在 18~24 岁“90 后”新生代女性农民工身上。

从问卷和个别访谈中进一步发现，变换工作最频繁的主要集中在第三产业就业的新生代女性农民工。表现为两种现象：一是从一个行业变换到另外一个行业，比如：从事物流快递或外卖骑手的人，她们试图寻求更适合自己发展特点的行业，年龄主要集中在 18~24 岁的“90 后”或者 25~30 岁中未婚的居多。二是表现为行业不变，从一个企业跳到另外一个企业，比如：从事地产中介、批发零售业、美容美发的人等，她们试图寻求更高的收入或更有发展前景的平台。通常集中于年龄 25~30 岁、未婚的新生代女性农民工。对于第二产业从业、年龄在 31~37 岁、已婚的新生代女性农民工表现出最为稳定的特点，她们中的部分人从未换过工作。第三产业从业、年龄 31~37 岁的新生代女性农民工有过 1 次换工作经历的人，往往表现为在本行业内寻求更高收入或进入管理岗位的一种选择。

2. 产业结构升级或产业政策调整的影响

（1）产业结构升级对新生代女性农民工再就业的影响。问卷中约 69%的人选择了因为产业结构升级使得企业转型升级，进而对用工的需求和标准提高，这部分人不得不改变工作。56%的人表示愿意接受这种变化，积极主动去寻求新的工作；44%的人表示不情愿接受这种变化，但也只能重新找工作。对于重新就业，她们认为最需要的支持是：95%的人表示需要职业技能方面的培训；91%的人表示需要就业信息方面的引导；90%的人表示需要在心理调适、产业调整方向和职业规划方面的培训；88%的人表示需要政府或企业直接提供工作机会，减少搜寻和面试环节；80%的人表示由于生活成本过高，需要失业期间的生活补贴。其中，排在前三位的包括对职业技能、心理调适、产业调整方向和职业规划等内容在内的培训和就业信息的指导（见图 5-4）。目前针对重新就业及区域的选择，60%的人表示充满信心，毕竟北京工作机会很多；20%的人表示有一定信心，但还是不确定，北京找不到合适的工作，就到其他大城市；另有 20%的人决定回老家工作。

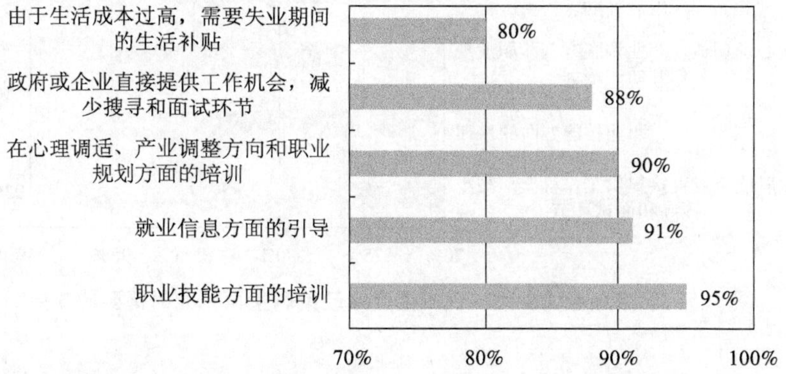

图 5-4　北京新生代女性农民工因产业结构升级再就业时需要的支持

（2）产业政策调整对新生代女性农民工再就业的影响。2014 年，北京开始启动低端产业外迁工作、疏解北京非首都功能，这种产业政策对北京新生代女性农民工的就业带来一定的影响。517 个样本中约 38.9%的人认为有直接影响，单位正在或即将迁出北京；4.1%的人表示有直接影响，自己开的店铺即将关闭；57%的人表示不在外迁或疏解范围，直接影响不大。

产业政策调整带来的就业直接影响的新生代女性农民工中，绝大多数表示不愿意离开北京。她们中约 45%的人表示还在北京换个行业找工作；30%的人表示响应国家政策，到河北、天津找工作，不改变从事的行业最好；25%的人表示回老家进行创业或找工作，是否换行业视情况而定。

面对产业政策调整带来的就业情况的改变，最希望得到的支持是，93%的人希望政府或企业直接提供工作机会，减少搜寻和面试环节；90%的人希望职业技能方面的培训；88%的人希望在心理调适、产业调整方向和职业规划方面的培训；87%的人认为由于生活成本过高，希望能有失业期间的生活补贴；仅有 78%的人希望在就业信息方面提供服务和引导。此时，希望获得支持的因素，排在前三位的是“政府或企业直接提供工作机会，减少搜寻和面试环节”“职业技能方面的培训”“在心理调适、产业调整方向和职业规划方面的培训”，见图 5-5。

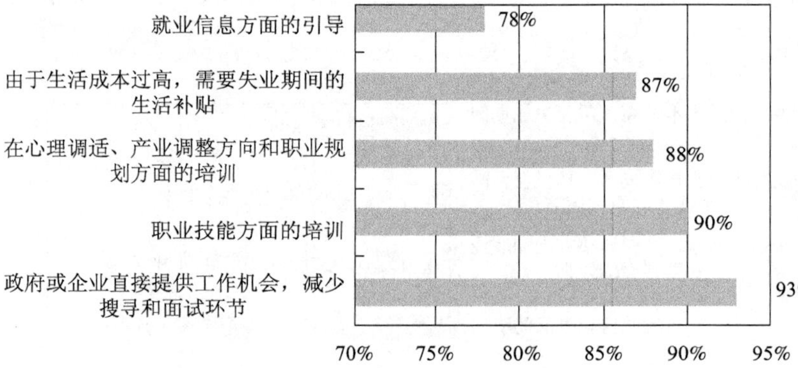

图 5-5　北京新生代女性农民工因产业政策调整再就业时需要的支持

3. 一定的职业规划意识，对就业有指导作用

在517个北京新生代女性农民工样本中，58%的人有职业规划；32%的人有的是未来生活规划，职业规划概念不太明确；10%的人几乎没有任何规划。其中，拥有职业规划的新生代女性农民工，又有35%的人有在本行业晋升的时间和岗位目标等；有53%的人考虑在本行业先积累些经验和资金后再转行或创业；约12%的人认为一直在现在岗位上继续工作就可以，不希望进入管理岗位。拥有未来生活规划的人中，46%的人希望以后留在北京工作生活；23%的人希望赚到一笔钱后再回家就业；18%的人希望积累一定资金后回家乡创业；还有13%的人希望有了一定的积累后未来到一个宜居城市养老。

从问卷及个别访谈情况来看，有职业规划的人通常工作稳定性较高，即使更换工作，也是比较有目的性和方向性地寻找工作，并且她们被动离职的比例也较小。但没有职业规划或仅有生活规划的人，则职业发展方向不清晰、目标不明确，因此，表现为或者比较频繁地换工作，或者面临被动离职的可能。

（三）北京新生代女性农民工对就业竞争力与培训需求的认知

在对517个样本进行提问“你认为自己是否具有就业竞争力”时，得到的结果是，仅有32%的人回答认为自己具有就业竞争力，能够适应现在岗位工作，也能接受工作可能发生的变动。50%的人认为，北京人才济济，自己在北京打工就是吃青春饭，未来工作不确定如何发展，谈不上有就业竞争力。18%的人表示不清楚就业竞争力的概念，无从回答。

她们中有46%的人进入到管理岗位，针对她们提问“你认为就业竞争力应该包括哪些内容（可多选）”时，98%的人选择了“具有专业技能和知识，胜任岗位职责的要求”；94%的人选择“具有较高的情商，特别是正确处理人际关系”；92%的人选择“具有积极乐观、解决问题的工作态度，遇事不抱怨”；92%的人选择“肯吃苦、不斤斤计较”；90%的人选择“善于学习、主动接受新生事物”；85%的人选择“有给力的亲戚朋友人脉

关系”；75%的人选择“具有正确的性别意识”（见图 5-6）。

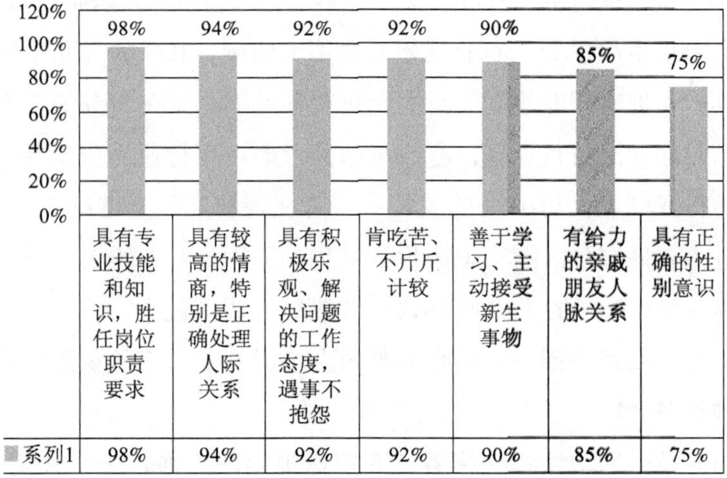

图 5-6　北京新生代女性农民工管理岗位人员对就业竞争力的认知

在如何增加就业竞争力时，新生代女性农民工首选的途径是选择政府和企业组织的职业培训，占比 54%；其次是工作中“传帮带”“干中学”，占比 30%；再次是电大或职业学校进修，占比 9%；最后是自主学习，占比 7%，见图 5-7。

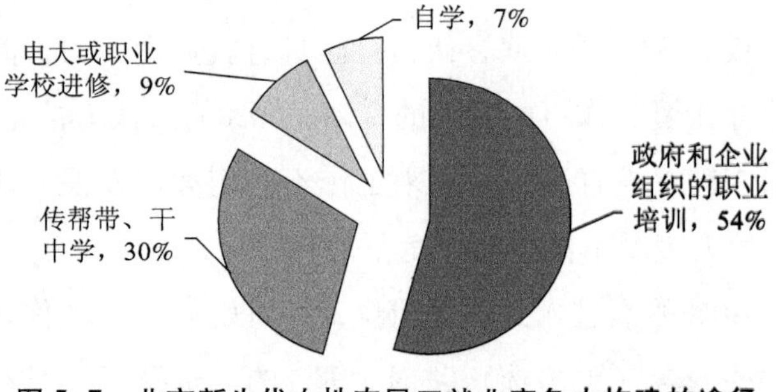

图 5-7　北京新生代女性农民工就业竞争力构建的途径

总体看，新生代女性农民工对职业培训有着比较强烈的愿望，并且希望政府和企业能够提供更多的培训机会，同时自己也能够接受一定的费用支出用于培训。她们也希望能够有更多的资金支持方式帮助她们参加职业培训。同时，希望培训内容更加丰富，除基本的职业技能培训外，也要有其他方面的指导和培训。从问卷来看，便于她们可以结合不同的需求和不同的时间进行自主选择。

（四）北京市新生代女性农民工就业竞争力构建的思路

1. 加强对北京市新生代女性农民工的培训

从受教育情况的数据来看，北京市新生代女性农民工全部样本中79.7%的人拥有高中及以上文化程度，43.3%的人拥有中专以上学历，但67%的人没有任何职业技术资格，客观上需要加强对这个群体的职业技能方面的培训。同时，从其主观需求方面来看，在面对产业结构升级和产业政策调整时，她们表现出对除职业技能以外，在就业信息引导、心理调适、产业调整方向、职业规划等方面的培训需求。

为此，需要从政府层面构建出多元化、全方位的农民工就业培训体系，既着眼短期需求和产业的即时需要，也关注长远和新生代农民工就业质量的需要。

2. 保持产业就业的相对稳定性

北京新生代女性农民工尤其是第三产业变换工作的频率比较大，工作不稳定现象突出，一方面是产业结构升级及产业内部优化的必然结果，另一方面是从业人员自己的自主选择，但同时也需要政府或相关职能部门对行业及岗位进行规范与指导，无论在传统的行业还是新兴的行业中都要建立起基本的规范，明确岗位职责和上升通道，便于管理及入职员工对未来有清晰的认识和努力的方向，从而减少工作不稳定性。

3. 加强政府对企业用工信息的发布与新生代农民工就业的指导

适应产业结构升级和调整的内在要求，指导新生代女性农民工主动去接受经济形势的改变，为此需要政府相关部门做好指导和引导工作。建立全国统一联网下设地方层面的企业用工信息平台，建成企业用人需求的信息发布平台，对新生代农民工就业给予指导。根据企业用人需求或新生代农民工的求职需求，协调二者需求，必要的时候联系职业学校或第三方培训机构共同完成对农民工的技能与综合能力培训，以使其适应岗位的需要，从而顺利实现用人需求与供给的对接。

4. 引导新生代女性农民工构建“就业竞争力”的理念

就业竞争力虽然不是一朝一夕能够完全建立起来的，但是从社会发展的角度，新生代女性农民工的发展关系到整个社会的可持续发展，为此，国家要重视她们的就业问题，从人力资本投入的角度，从全社会范围内通过制度建设加强对新生代女性农民工就业竞争力构建的理念，并且明确政府和相关职能部门、企业、职业学校或第三方培训机构及新生代女性农民工本人各方主体在构建就业竞争力时的主体责任，建立和规范各方主体相互协作的机制与规范。

第二节　内蒙古与安徽县域新生代女性农民工就业问题调研分析

本节的研究以内蒙古翁牛特旗和安徽省蒙城县为目标进行问卷调研，采用相同的思路和方法，基于两个县域城镇对其新生代女性农民工就业竞争力问题进行调研分析与区域对比分析。

一、内蒙古翁牛特旗新生代女性农民工就业问题调研分析

（一）内蒙古翁牛特旗经济发展基本情况

翁牛特旗位于内蒙古自治区赤峰市中部，总土地面积 11889 平方公里，总人口 48.6 万人，辖 14 个苏木乡镇，6 个国有农牧场，2 个街道办事处，是自治区 33 个牧业旗之一。2012 年，翁牛特旗地区生产总值实现 1180926 万元。分产业看，第一产业增加值 348802 万元，第二产业增加值 540866 万元，第三产业增加值 291258 万元，分别占地区生产总值的比重为 29.5%、45.8%、24.7%，产业结构呈现为“二一三”的格局。2014 年，翁旗地区生产总值完成 138.8 亿元，增长 7.6%。2015 年，翁旗地区生产总值实现 1446499 万元，按可比价格计算，比 2014 年增长 7.6%。分产业

看，第一产业增加值411695万元，增长4.6%；第二产业增加值637786万元，增长9.6%；第三产业增加值397018万元，增长8.0%。三次产业增加值占地区生产总值的比重分别为28.5%、44.1%和27.4%。2016年，翁旗地区生产总值实现1539689万元，其中，第一产业增加值431094万元，第二产业增加值676688万元，第三产业增加值431907万元①，第三产业增加值首次超过第一产业，三次产业开始呈现“二三一”模式。

近几年，翁牛特旗积极调整产业结构，承接发达地区产业转移，依托工业园区建设，通过加大对玉龙工业园区基础设施建设和招商引资工作的力度，吸引了43家辽宁、北京等地区的产业转移项目入驻园区，推动工业的发展。此外，充分发挥翁牛特旗旅游、商贸物流、文化等产业的优势，大力推进服务业项目建设，促进全旗服务业发展上层次、上水平、上标准，产业结构不断优化。

在此以翁牛特旗新生代女性农民工为调研对象，主要围绕新生代女性农民工的基本信息，包括职业分布、职业技术水平、职业稳定性、职业晋升情况与认同度、工作满意度在内的从业情况，综合素质与潜在能力认知，性别意识等体现就业竞争力的内容设计问题，通过随机发放调研问卷和个别访谈的形式获得数据信息，旨在了解翁牛特旗新生代女性农民工就业及就业竞争力的基本情况。2014年、2015年共发放问卷300份，收回问卷290份，有效问卷270份。问卷回收率为96.7%，问卷有效率为90%。

（二）翁牛特旗受访新生代女性农民工的信息描述

在受访的270位新生代女性农民工中，已婚的140人，占51.9%；未婚的130人，占48.1%。年龄分布情况如下：18岁以下2人，占0.8%；18岁（含）~24岁的50人，占18.5%；25~30岁的120人，占44.4%；31~37岁的98人，占36.3%。由于新生代女性农民工的年龄界定于1980年及以后年代出生的女性农民工，故仅向37岁及以下的受访对象发放问卷。其中，165人没有务农经历，约为61.1%；仅38.9%的人有过务农经

① 数据来源于2012—2016年《翁牛特旗国民经济和社会发展统计公报》，http：//www.wnt.gov.cn。

历。从受教育程度看，受访的新生代女性农民工高中及以上文化程度的占90%，中专及以上学历的占 45.6%，而大专及以上学历的占比最低，为 5.6%，主要是由于在县域城镇，真正大专或大学本科学历返回县城工作的不多。另外，如果返回县城工作通常也会因为通常是体制内的工作已转入城镇户籍而不再是农民工身份。总体看，学历水平不算低。其中，初中文化程度的 54 人，高中文化程度 93 人，中专 43 人，高职 65 人，大专及以上学历 15 人，依次所占的比例为 20%、34.4%、15.9%、24.1%、5.6%。受访新生代女性农民工的基本信息见表 5-6。

表 5-6　翁牛特旗受访新生代女性农民工的基本信息

特征变量	类 别	样本数（人）	百分比（%）
婚姻状况	未婚	130	48.1
	已婚	140	51.9
年龄	18 岁以下	2	0.8
	18 岁（含）~24 岁	50	18.5
	25~30 岁	120	44.4
	31~37 岁	98	36.3
务农经历	有	105	38.9
	无	165	61.1
受教育状况	大专及以上	15	5.6
	高职	65	24.1
	中专	43	15.9
	高中	93	34.4
	初中	54	20.0

（三）翁牛特旗新生代女性农民工的就业现状分析

1. 翁牛特旗新生代女性农民工的职业技能与从业情况分析

（1）新生代女性农民工的职业分布。在 270 位受访的新生代女性农民工中，从区域选择来看，有 240 人在县城或市级城市就业，30 人于外省就业，占比分别是 88.9%、11.1%。从就业产业看，第二产业从业约 95 人，占35.2%；第三产业从业175人，占64.8%。就业行业主要分布于制造业加工业、住宿餐饮娱乐业、批发零售业、家政业、保险销售、医药销售及理发、美甲、美容等服务业，也有少部分人进行自主创业，见表5-7。

表5-7 翁牛特旗受访新生代女性农民工的职业分布

标准	职业分布	人数	比例（%）	行业类型
区域分布	县城或市级城市就业	240	88.9	无
	外省就业	30	11.1	
产业分布	第二产业	95	35.2	食品、牛养肉、奶制品、酒业等加工业；服装生产行业；电子产品装配行业；其他如棉被制作、皮鞋皮衣制作等
	第三产业	175	64.8	住宿、餐饮、娱乐业，批发零售业、家政业、保险销售、医药销售和理发、美甲美容等服务业
单位属性	集体企业	20	7.4	无
	国有或国有控股企业	8	3.0	
	民营企业	99	36.6	
	个体工商户	125	46.3	
	外企	3	1.1	
	自主创业	15	5.6	

（2）新生代女性农民工的职业技术水平。从新生代女性农民工的学历和受教育情况看，总体水平不算太低，但是通过调研和个别访谈发现（见图5-8），新生代女性农民工的职业技术水平不高，她们中大约58%的人不愿意或者没有意识去考取技术和职业资格证书。初级工的比例为40%，中级工、高级工的比例合计为2%。其中，有的新生代女性农民工虽然填问卷时写了初级工，但并没有技术或职业资格证书，而是她们认为自己的水平在初级工的层次上。新生代女性农民工对教育培训有一定的需求，但获得专业技能培训的机会偏少，总体职业技能水平过低。

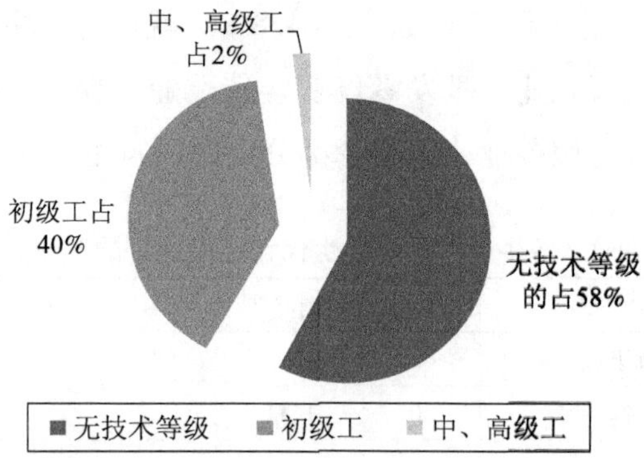

图 5-8　翁牛特旗新生代女性农民工具有职业技术资格的比重

（3）新生代女性农民工的职业稳定性。新生代农民工更换工作的频度偏高，职业稳定性低。表 5-8 中调研数据显示，新生代女性农民工两年换一次工作占 22.2%，一年换一次工作占 14.8%，半年换一次工作占 11.9%，从未换过工作的只有 21.8%。经常更换工作使新生代女性农民工的工作稳定性差，工作认同感和满意度偏低，职业技能水平也偏低。进一步发现，从事第三产业就业的新生代女性农民工更换工作的频度偏高，相对而言，从事第二产业的新生代女性农民工相对更稳定，不过从访谈中发现，她们中有些人认为，目前第二产业的就业中相对工作稳定，不过也比较单调、枯燥和辛苦。从“更换工作的原因”这个问题中发现，由于自我的主观偏好改变而更换工作的新生代女性农民工约占 39%，由于产业升级、企业转型等造成企业或行业对用工需求标准的提高而不得不被动更换工作的占 45%，其他原因占 16%。

表 5-8　翁牛特旗受访新生代女性农民工职业稳定性状况

更换工作频度	新生代女性农民工更换工作的人数（人）	新生代女性农民工更换工作人数的比例（%）
1~2 个月一次	20	7.4
半年一次	32	11.9
一年一次	40	14.8
两年一次	60	22.2
两年以上一次	59	21.9
从未更换过	59	21.8

（4）新生代女性农民工岗位晋升情况及工作认同度。从调研数据来看，新生代女性农民工在集体企业、国有或国有控股企业及外企中工作认同度较高，岗位晋升的渠道比较规范，而且通常这些类型企业中第三产业就业的新生代女性农民工成长为部门或小组主管的机会更多。在私营企业或个体工商户中，晋升机会或工作认同度都不太高，但由于入职门槛相对较低，所以也有少部分受访对象会在这些企业求职。

（5）新生代女性农民工的工作满意度。从表5-9中调研数据来看，新生代女性农民工中仅有20.7%的人对目前工作现状非常满意，51.9%的人对目前工作状况不满意。很多新生代女性农民工就业于劳动密集型的中小企业，工作相对枯燥，强度比较大，工作时间长，部分就职于个体工商户的新生代女性农民工工资报酬较低，工作时间较长，且看不到未来发展前景，因此，她们的工作满意度不高。

表5-9　翁牛特旗受访新生代女性农民工工作满意度

满意程度	人数	百分比（%）
非常满意	56	20.7
比较满意	74	27.4
不满意	140	51.9

2. 翁牛特旗新生代女性农民工的职业素质与潜在能力认知

（1）关于新生代女性农民工综合素质方面的认知。在回答“你胜任目前就业岗位最重要的三项因素”时，排在前三位的选项是：“专业技术和职业技能”，占98%；“肯吃苦、不斤斤计较”，占89%；“受挫力和适应性强”，占85%。紧排在其后的一个选项是“有较给力的亲戚朋友人脉关系”，占83%（见图5-9）。可见新生代女性农民工总体上比较能够认识到岗位工作中需要具备的基本职业素质。不过排在第四位的“有给力的亲戚朋友人脉关系”也在一定程度上反映出，在地方就业一定程度上存在对亲缘关系的依赖现象。

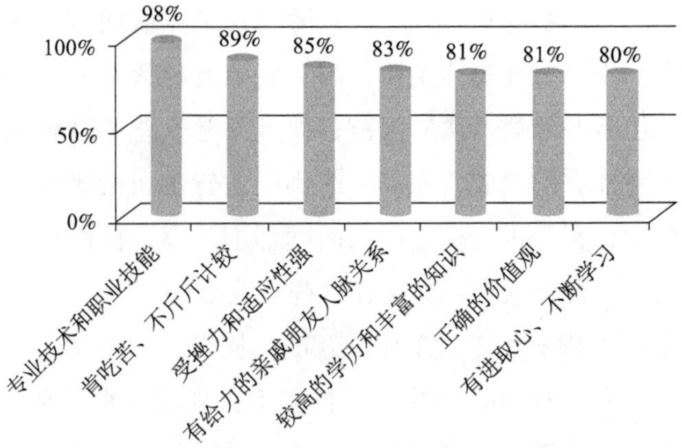

图 5-9　翁牛特旗新生代女性农民工目前工作岗位最重要的因素

在针对进入到管理岗位的新生代女性农民工进一步回答“你认为你进入到管理岗位除业务能力比较强之外，比较重要的两项因素是什么”时，“团队协作意识强，员工之间能够相互支持和补台”排第一位，占 89%；“沟通能力好、亲和，为人处事能力强”排第二位，占 85%。而“有给力的亲戚朋友人脉关系”排在第三位，占 83%（见图 5-10）。可见对于进入管理岗的新生代女性农民工来说，总体上也能够对其具备的综合能力有比较正确的态度。但是“有给力的亲戚朋友人脉关系”确实在地方发挥了重要的作用。在职场上，这种因素还需要正确对待，避免过分依赖可能带来的不公。

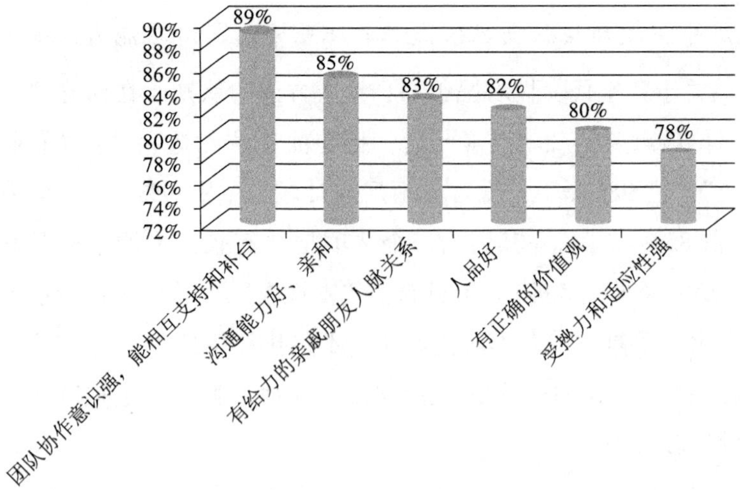

图 5-10　翁牛特旗新生代女性农民工进入管理岗位的影响因素

(2) 关于新生代女性农民工潜在能力的认知。在回答“如果你希望获得更多的收入，最需要具备什么样的能力”时，则“更专业的职业技能”和“较高的学历与丰富的知识”被排在前两位，分别占90%、88%（见图5-11）。在“您认为这些能力获得的最佳方式是什么”，新生代女性农民工最集中的答案是“职业培训”，可见，无论是专业技能还是专业知识，她们认为职业培训是最好的途径。

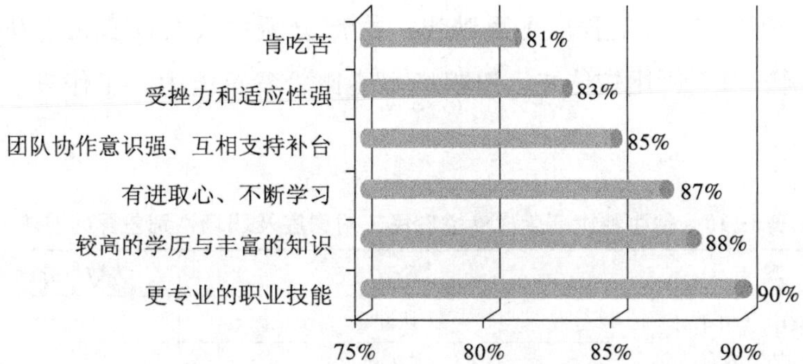

图 5-11　翁牛特旗新生代女性农民工获得更多收入最需要的能力

接下来的问题关于“你平常平均每周是否有时间用于专业技能或知识的自主学习，如自学或向同事请教等?”，结果却不尽理想，回答“几乎没有时间学习”的占比最高，达54%；“尽量抽出时间学习”的占35%；仅有11%的新生代女性农民工回答“几乎每周都保证自主进行专业方面的学习”（见图5-12)。由此可见，新生代女性农民工自行进行自主学习的动力还不足，潜力还有待进一步挖掘。

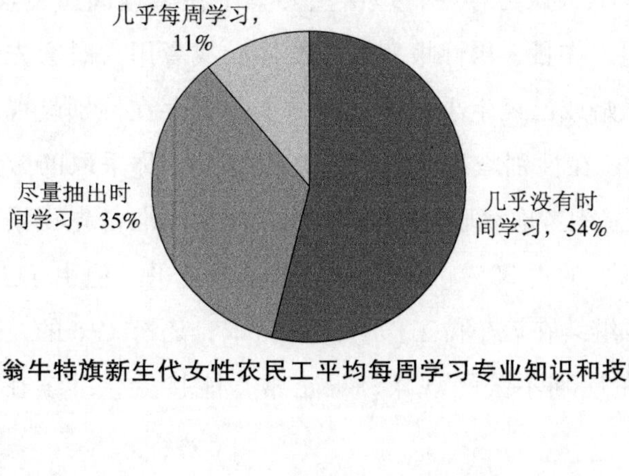

图 5-12　翁牛特旗新生代女性农民工平均每周学习专业知识和技能的情况

3. 翁牛特旗新生代女性农民工的性别意识

在受访的新生代女性农民工中，有68%的人认同“在家庭分工中，‘男主外、女主内’是天经地义的”这个观点，而有32%的人表示不认同。另外，对于“在职场中‘工作业绩不会因为男女性别有差异，主要看付出努力的程度与结果’”这种观点认同的约58%，也有42%的人认为“在职场中，‘男女会因为性别有不同擅长的岗位与分工，最后业绩会有差异’”（见表5-10）。在一定程度上反映出一大部分新生代女性农民工在家庭关系的性别认识上还比较传统，但职场中还比较看重能力、工作表现等客观因素。

表5-10 翁牛特旗新生代女性农民工对家庭及职场性别差异的看法

观 点	看 法	人数百分比（%）
对家庭中“男主外、女主内”的看法	认同	68
	不认同	32
对职场中“工作岗位有性别差异”的看法	工作业绩不会因为男女性别有差异，主要看付出努力的程度与结果	58
	男女会因为性别有不同擅长的岗位与分工，最后业绩会有差异	42

对于“目前你所在单位是否存在性别歧视现象”，60%的人表示不存在，她们认为所在单位按岗位职责和付出多少支付报酬或根据业绩进入管理岗；有40%的人认为存在，理由主要集中在管理岗位更喜欢男性担任；相同岗位相同工作量，男性报酬多于女性；或者用人时会先考虑男性或考虑女性是否已婚或已经生小孩等。进一步针对存在性别歧视观点的受访对象提问，“若存在性别歧视并且发生在你身上，你采取的做法和态度是什么”，选择“立刻考虑辞职”的占26%；选择“准备先积累工作经验，时机成熟即辞职”的占30%；选择“虽感觉不公平，但由于工作不容易找，即便不情愿也继续在该单位工作”的占25%；还有19%的人选择“绝大多数单位都存在性别不公平现象，很正常，能接受，继续在该单位工作”

(见图 5-13)。可见至少 44%的人会选择隐忍并继续在该单位工作，表明还有一少部分人遇到这种性别歧视现象还要考虑到更为实际的生存问题。

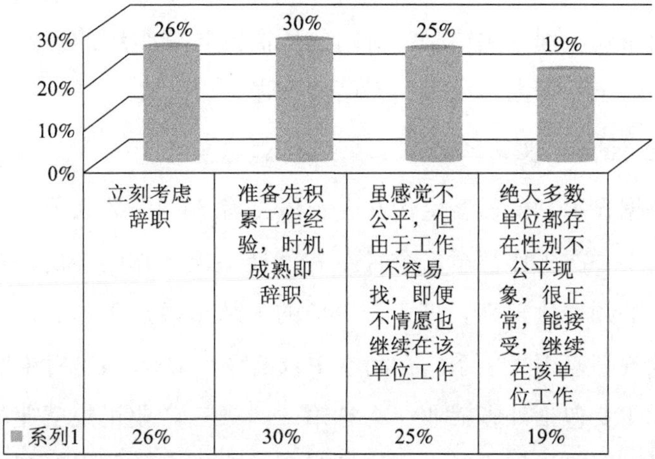

图 5-13　翁牛特旗新生代女性农民工所在单位存在性别歧视时的态度

（四）影响翁牛特旗新生代女性农民工就业竞争力构建的原因分析

文中试图从新生代女性农民工的职业技能与从业情况、综合素质、就业潜力和性别意识四个层面探讨其就业竞争力的构建情况，并通过调研问卷、结合基本数据的统计分析将可能存在的问题呈现出来，接下来进一步针对其原因加以分析和探讨。

1. 新生代女性农民工参加培训的机会偏少

前面的调研数据表明，受访新生代女性农民工总体看学历水平不低，但拥有技术或资格证书的人员并不多，占 42%；在受访的人当中从事第三产业且技术含量不高的工作岗位的人数不在少数，虽然这与随机选取的样本可能不够全面有一定关系，但也在一定程度上反映出新生代女性农民工从事工作的技术含量不足。因此，客观上需要政府或用人单位给予相应的职业技能培训。调研数据进一步显示，约有 53%的新生代女性农民工没有参加过职业培训，尤其是以私营企业或个体工商户的就业人员居多。从统计数据看，参加过 3 次及以上职业技能培训的为 6%，参加过 2 次职业技能培训的为18%，仅参加过1次职业技能培训的为23%。通常正规就业的新生代女性农民工参加过用人单位组织的1次入职培训的属于多数。政府组织的技能培训相对较少。从现有参加过的培训来看，89%的人认为参加培训对工作有帮助，而且主要是针对岗位所需的技能组织的，但21%的人认为参加培训对工作帮助不太大，实用性不强。

2. 新生代女性农民工缺乏职业规划意识

调研数据显示，受访新生代女性农民工有34.1%的人曾有一年换一次工作或半年换一次工作甚至2个月左右就换一次工作的经历，约有1/3的人更换工作的频率比较高。只有21.8%的人从未换过工作。这与她们缺少明确的职业规划有很大关系。在问卷中仅有30%的人回答对未来有明确的职业规划，主要包括外省就业、本省第二、第三产业正规就业的人。但绝大多数人没有明确规划或对未来比较渺茫。客观上，需要对新生代女性农民工开展职业认知与职业生涯规划方面的讲座或培训，这方面的培训内容主要应该由政府来提供，有条件的企业也可以在组织专业技能培训的同时提供，这样有利于培育员工的忠诚度和稳定感。

3. 受访新生代女性农民工职业适应性有待进一步提高

调研表明，受访新生代女性农民工由于其知识技能水平有限，通常在私营企业或个体工商户就业的这部分人的晋升空间有限或不太规范，而且职业认同感较低。一方面，需要她们明确定位，通过职业技能培训或结合自学提高自身的就业竞争力，以改善现状；另一方面，通过个别访谈也会发现，小部分人由于独生子女家庭、生活条件相对优越，对工作的态度不认真，遇到困难就会表现出退缩、抱怨等，或心理不能承受，在工作中表现为消极、被动、负能量，不能积极主动去适应工作，这种现象主要在24岁以下的人群中表现明显。还有少部分新生代女性农民工认为自己的工作太辛苦而报酬太低等，所以对待工作及周边在人际关系不积极，成长的机会就更少。客观上也需要对这些人在人际关系、工作认知、情商培养等方面进行培训。

4. 新生代女性农民工职业期望相对较高

调研数据表明，受访新生代女性农民工中约 51.9%的人对工作不满意，而且对未来职业期望相对较高。调研发现（见表 5-11），14%的人认为工作条件差，19%的人觉得工资待遇低，15%的人感觉工作中人际关系不好，23%的人认为工作没有体现自己的价值，不适应工作环境及对工作不感兴趣的分别占 11%和 18%。

表 5-11　翁牛特旗新生代女性农民工职业不满意的影响因素

影响因素	人数百分比（%）
工作条件差	14
工资待遇低	19
工作中人际关系不好	15
工作没有体现自己的价值	23
不适应工作环境	11
对工作不感兴趣	18

5. 新生代女性农民工需继续增强性别意识

关于男女在家庭分工及职场上角色分工的认识上，新生代女性农民工有着一定的性别意识，不过大部分人对于在家庭中的角色认识过于传统。尤其对于可能存在的性别歧视，她们一部分人是比较理性而正确的，不过也有部分虽然意识到问题的不公正，但出于现实因素的考虑还是选择隐忍。对此，她们需要从职业技能和综合素质角度提升自己，同时，政府提供相关的性别意识的培训，让她们持有正确的态度，采取正确的行为，才能顺利择业并有利于人际关系的顺畅及两性关系的和谐。

（五）翁牛特旗新生代女性农民工就业竞争力构建的思考

新生代女性农民工就业问题已经成为一个重要的社会问题，应该引起国家的重视，并从顶层设计上形成一套完整、科学的就业竞争力体系，完善相应的制度与机制。相应的地方政府、企业及新生代农民工个人等需要各司其职，共同配合，提高就业竞争力，促进就业。

1. 国家的高度重视

首先，政府应该拓宽新生代女性农民工培训内容，除专业技能和专业知识的培训外，还应该包括职业规划、情商培养、综合能力与素质教育、性别意识等多个方面的内容。为此，在全国统筹安排基础上，建议设立全国专门管理机构负责农民工就业培训、服务与指导的部门，地方相应设立专门的分支管理机构，负责与用人单位建立对接，提供用工信息服务，引导现有职业学校或第三方培训机构进行政企校合作，通过三方主体联合培养，全方位开展提高综合素质和职业技能方面的培训。

其次，政府要加强立法建设；加大财政投资的力度，建议将相应资金纳入各级财政预算，并通过多元方式筹措资金。通过制度设计和财政金融手段吸引企业、职业学校及其他社会资本积极参与农民工就业的培训与职业教育。此外，政府对于此项工作要进行全社会范围内的推广和宣传，引导人们的广泛关注。

再次，地方政府为农民工的就业服务提供信息咨询和服务指导。要在产业结构调整的背景下，对农民工就业进行适时的引导。

2. 地方政府的主动作为

在全国统一制度安排下，地方政府重视农民工的职业培训与教育、就业服务咨询与引导工作。特别要在区域或地方产业结构优化升级背景下进行指导，使本地农民工的就业供给尽可能符合岗位需求，提高就业效率。目前，地方政府或各职能部门已经组织了很多针对农民的专项培训，事实上加大了对农民培训的投入力度，内容主要是针对农牧业科技或创业层面。专门针对女性农民工这个群体进行第二、第三产业非农就业的技术及相关培训缺乏。目前可以结合“十三五”规划的总体部署，在产业结构优化的基础上，更好地与企业及职业院校之间协调，促进第二产业、第三产业的就业与培训工作，以促进产业结构的进一步优化及新生代女性农民工的较高质量就业。在全国统一的制度安排下，需要地方政府在就业信息平台建设，协调企业与职业院校及第三机构合作，提供资金支持，特别是包括职业技能、综合素质、潜在能力、性别意识等内容在内的培训体系的搭建等诸多方面进行更为具体的谋划与落实。

3. 企业的积极支持与配合

企业应该考虑将对农民工的培训纳入企业正常培训范畴，将其费用作为企业成本支出。政府对于农民工的培训工作给予一定的财政补贴。同时，政府对于真正吸纳农民工就业的企业也给予一定的补贴作为激励。

4. 新生代女性农民工自身的努力

与老一代女性农民工相比，新生代女性农民工有更多的学习和培训机会，因此，需要新生代女性农民工把握学习机会、从长远发展角度出发，加强自身职业定位，学习职业技能，增强综合素质，挖掘潜在能力，强化性别意识，在产业结构发展过程中通过增强自身就业竞争力主动适应工作岗位的要求以及工作面临的变化。

二、安徽省蒙城县新生代女性农民工就业问题调研分析

（一）安徽省蒙城县经济发展基本情况

蒙城县位于安徽省西北部，地处淮北平原中部，属于淮河流域战略要地，面积2091平方公里，耕地230万亩，辖15个乡镇、2个办事处、1个工业园区和1个林场，人口132万。2013年，全年实现生产总值（GDP）176.5亿元，按可比价格计算，比2012年增长10.1%。生产总值中三次产业的比重为26.5%：41.2%：32.3%。按户籍人口计算，人均生产总值12840元，比2012年增加898元。2014年度，蒙城县经济在新常态下运行稳中有进，部分指标在全市排位靠前，实现了转型的阶段性成果。经济总量增速全市第一。2014年，全县实现地区生产总值（GDP）193.3亿元，同比增长9.1%。工业经济实现新的突破，全县规模以上工业实现增加值47.9亿元，同比增长15.2%，增幅全市第一。三次产业结构进一步优化。全县三次产业比重为26.4：41.4：32.2，形成“二三一”的产业格局，与2013年相比，第一产业比重下降0.2个百分点，第二产业比重上升0.2个

百分点，第三产业比重持平。服务业各行业增速均位居全市前列。2015年，蒙城县全年实现生产总值（GDP）216.7亿元，按可比价格计算，比2014年增长8.8%，增幅位居全市第一。从产业看，第一产业完成增加值47.9亿元，比2014年增长4.5%，增幅位居全市第一；第二产业完成增加值83.7亿元，比2014年增长9.4%，增幅位居全市第三，其中，全部工业增加值68.5亿元，比2014年增长9.4%；第三产业增加值85.1亿元，比2014年增长10.6%，增幅位居全市第二。生产总值中三次产业的比重为22.1∶38.6∶39.3，开始进入“三二一”产业发展模式。《蒙城县国民经济和社会发展第十二个五年规划纲要（2011—2015）》提出，建设工业强县，培育特色工业体系。全力做大做强汽车制造、煤炭煤电、轻纺食品三大主导产业，突破性发展生物能源、新能源汽车、节能环保等新兴产业，努力提升建筑建材、船舶制造、印刷造纸等传统产业，形成主导产业优势突出的产业集群体系。提升传统商贸业，高起点发展现代物流业，有序发展房地产业，拓展壮大文化旅游业，将蒙城县建设成为区域性商贸物流中心和皖北重要旅游地。2016年，蒙城县全年实现生产总值（GDP）240.3亿元，按可比价格计算，比2015年增长8.9%，增幅位居全市第二。从产业看，第一产业完成增加值50.6亿元，比2015年增长3.1%，增幅位居全市第二；第二产业完成增加值91.5亿元，比2015年增长9.2%，增幅位居全市第四，其中，全部工业增加值75.4亿元，比2015年增长9.7%；第三产业增加值98.2亿元，比2015年增长11.8%，增幅位居全市第一。生产总值中三次产业的比重为21.1∶38.1∶40.8，“三二一”模式的产业结构进一步得到优化①。

在此以蒙城县新生代女性农民工为调研对象，主要围绕新生代女性农民工的基本信息，包括职业分布、职业技术水平、职业稳定性、职业晋升情况与认同度、工作满意度在内的从业情况，综合素质与潜在能力认知，性别意识等体现就业竞争力的内容设计问题，通过随机发放调研问卷和个别访谈的形式获得数据信息，旨在了解蒙城县新生代女性农民工就业及就

① 数据来源于2013—2016年《蒙城县国民经济和社会发展统计公报》。

业竞争力的基本情况。2014 年，发放问卷 300 份，收回问卷 285 份，有效问卷 265 份。问卷回收率 95%，问卷有效率 88.3%。

（二）蒙城县新生代女性农民工的基本信息

在受访的 265 位新生代女性农民工中，已婚的 160 人，占 60.4%；未婚的 105 人，占 39.6%。年龄分布情况如下：18 岁以下 20 人，占 7.5%；18 岁（含）~24 岁的 80 人，占 30.2%；25~30 岁的 89 人，占 33.6%；31~37 岁的 76 人，占 28.7%。由于新生代女性农民工的年龄界定于 1980 年及以后年代出生的女性农民工，因此，本调研问卷仅向 37 岁及以下的受访对象发放。其中，140 人没有务农经历，约为 52.8%；约 47.2%的人有过务农经历。从受教育情况看，受访的新生代女性农民工高中及以上文化程度的占 69.8%，中专及以上学历的占 31.7%，而大专及以上学历的占比仅有 1.5%。其中，初中文化程度的 80 人，高中文化程度 101 人，中专 24 人，高职 56 人，大专及以上学历 4 人，依次所占的比例为 30.2%、38.1%、9.1%、21.1%、1.5%。受访新生代女性农民工的基本信息见表 5-12。

表 5-12　蒙城县受访新生代女性农民工的基本信息

特征变量	类别	样本数（人）	百分比（%）
婚姻状况	未婚	105	39.6
	已婚	160	60.4
年龄	18 岁以下	20	7.5
	18 岁（含）~24 岁	80	30.2
	25~30 岁	89	33.6
	31~37 岁	76	28.7
务农经历	有	125	47.2
	无	140	52.8
受教育状况	大专及以上	4	1.5
	高职	56	21.1
	中专	24	9.1
	高中	101	38.1
	初中	80	30.2

（三）蒙城县新生代女性农民工的就业现状分析

1. 蒙城县新生代女性农民工的从业情况分析

（1）新生代女性农民工的职业分布。在265位受访的新生代女性农民工中，从区域选择来看，有180人在县城或市级城市就业，85人于外省就业，占比分别是67.9%、32.1%。从就业产业看，第二产业从业约113人，占42.6%；第三产业从业152人，占57.4%。就业行业主要分布于加工制造业、住宿餐饮娱乐业、批发零售业、家政业、保险销售、医药销售及理发、美甲、美容等服务业（见表5-13）。

表5-13　蒙城县受访新生代女性农民工的职业分布

<table>
<tr><th>标准</th><th>职业分布</th><th>人数</th><th>比例（%）</th><th>行业类型</th></tr>
<tr><td rowspan="2">区域分布</td><td>县城或市级城市就业</td><td>180</td><td>67.9</td><td rowspan="2">无</td></tr>
<tr><td>外省就业</td><td>85</td><td>32.1</td></tr>
<tr><td rowspan="2">产业分布</td><td>第二产业</td><td>113</td><td>42.6</td><td>食品加工业；服装生产行业；玩具产品生产制作</td></tr>
<tr><td>第三产业</td><td>152</td><td>57.4</td><td>住宿餐饮娱乐业、批发零售业、家政业、保险销售、医药销售和理发、美甲美容等服务业</td></tr>
<tr><td rowspan="6">单位属性</td><td>集体企业</td><td>25</td><td>9.4</td><td rowspan="6">无</td></tr>
<tr><td>国有或国有控股企业</td><td>0</td><td>0</td></tr>
<tr><td>民营企业</td><td>98</td><td>37</td></tr>
<tr><td>个体工商户</td><td>117</td><td>44.2</td></tr>
<tr><td>外企</td><td>0</td><td>0</td></tr>
<tr><td>自主创业</td><td>25</td><td>9.4</td></tr>
</table>

（2）新生代女性农民的职业技术水平。新生代女性农民工的学历和受教育情况高于老一代女性农民工，不过与内蒙古翁牛特旗的样本比，总体水平不算太高。这与以往传统家庭不太重视孩子的文化教育，以及传统的“重男轻女”思想都有一定关系，通常女孩子早早地辍学外出或本地就近打工。调研发现，她们的职业技术水平也不算高（见表5-14），她们中大

约63%的人不愿意或者没有意识去考取技术和职业资格证书。初级工的比例为31%，中级工、高级工的比例总共6%。新生代女性农民工对教育培训有需求，但获得专业技能培训的机会过少，通常都是企业提供的入职培训，总体职业技能水平过低。

表5-14　蒙城县受访新生代女性农民工职业技术水平

技术等级	人数百分比（%）
无技术等级	63
初级工	31
中、高级工	6

（3）新生代女性农民工的职业稳定性。总体来看，新生代女性农民工更换工作的频率并不太高，职业稳定性相对比较高。表5-15中的调研数据显示，新生代女性农民工两年换一次工作的占29.4%，两年以上换一次工作的占24.5%，以上两种更换工作的频率占比比较大，进一步了解发现，这两种情况主要集中在从事第二产业的新生代女性农民工当中，主要原因在于，这些人相对而言工作比较稳定，她们轻易不想更换工作，但通常1~2年后由于企业升级转型或面临破产等变化，她们不得不重新找工作。同时也存在她们感到工作枯燥、辛苦，希望改善一下工作条件和环境的因素。那些一年换一次工作的新生代女性农民工占11.3%，半年换一次工作的占8.7%，1~2个月换一次工作的占4.5%，总体上看，频繁更换工作的比例约为24.5%。这些主要集中在从事第三产业的新生代女性农民工，她们更换工作的频率相对偏高。经常更换工作使这些新生代女性农民的工作稳定性差，工作认同感和满意度都偏低，职业技能水平也偏低。不过这些新生代女性农民工主要是由于自我的主观偏好改变而更换工作，由于产业升级、企业转型等造成企业或行业对用工需求标准的提高而不得不被动更换工作的仅是少数。

表 5-15　蒙城县受访新生代女性农民工职业稳定性状况

更换工作频度	新生代女性农民工更换工作的人数（人）	新生代女性农民工更换工作人数的比例（%）
1~2 个月一次	12	4.5
半年一次	23	8.7
一年一次	30	11.3
两年一次	78	29.4
两年以上一次	65	24.5
从未更换过	57	21.5

（4）新生代女性农民工岗位晋升情况及工作认同度。从调研数据来看，新生代女性农民工在集体企业、部分民营企业中工作认同度较高，岗位晋升的渠道和机会比较明确，工作认同度相对较高。同时，往往在这些类型企业中从事第三产业就业的新生代女性农民工进入管理岗位的机会更多。在制度体系不太健全的私营企业或个体工商户中，晋升机会或工作认同度都不太高，不过由于入职门槛较低，仍吸纳了大批劳动力就业。

（5）新生代女性农民工的工作满意度。从表 5-16 中调研数据来看，新生代女性农民工中仅有 18.8%的人对目前工作现状非常满意，高达 55.5%的人对目前工作状况不满意。很多新生代女性农民工就业于劳动密集型的中小企业，工作环境相对艰苦，强度比较大，工作时间长，劳动报酬偏低，部分就职于个体工商户的新生代女性农民工工资报酬较低、工作时间较长，且未来不确定性很大，对于未来如何发展还比较迷茫，导致她们的工作满意度不高。

表 5-16　蒙城县受访新生代女性农民工工作满意度

满意程度	人数	百分比（%）
非常满意	50	18.8
比较满意	68	25.7
不满意	147	55.5

2. 蒙城县新生代女性农民工的职业素质与潜在能力认知

（1）关于新生代女性农民工综合素质方面的认知。在回答“你胜任目前就业岗位最重要的三项因素”时，排在前三位的选项是：“肯吃苦、不斤斤计较”，占93%；“专业技术和职业技能”，占90%；“受挫力和适应性强”，占88%（见图5-14）。紧排在其后的一个选项是“有较给力的亲戚朋友人脉关系”，占85%。可见受访的新生代女性农民工普遍认为肯吃苦、不斤斤计较的品质在工作中发挥着最为重要的作用，这一品质甚至超过专业技术和职业技能。此外，受挫力和适应能力也很重要，是决定是否胜任目前工作的第三个重要因素。排在第四位的是“有给力的亲戚朋友人脉关系”，占比85%，这在一定程度上反映出，在地方就业一定程度上对亲缘关系有一定的依赖。

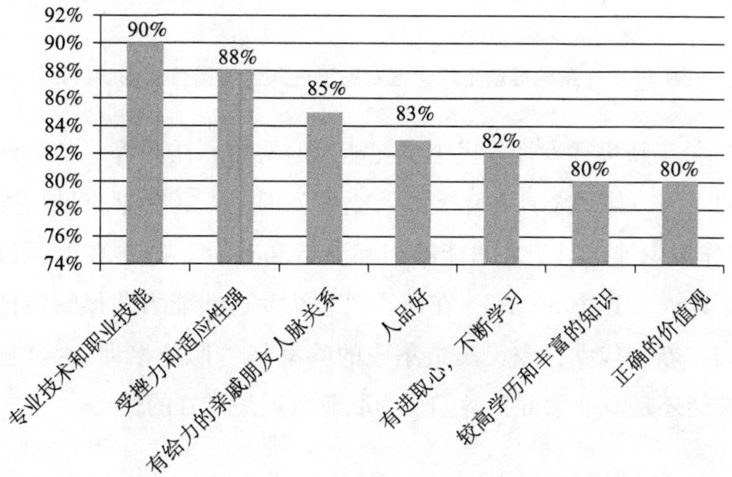

图5-14　蒙城县新生代女性农民工胜任目前就业岗位最重要的因素

在回答“你认为你进入到管理岗位除业务能力比较强之外，比较重要的两项因素是什么”时，管理岗位就职的新生代女性农民工首选的两个因素是：“口才好、为人处事能力强”排第一位，占91%；“有给力的亲戚朋友人脉关系”排第二位，占88%（见图5-15）。而“有正确的价值观”排在第三位，占84%。可见对于进入管理岗的新生代女性农民工来说，基本上她们能够对其要具备的综合能力有比较正确的认识。同时，在她们看来，“有给力的亲戚朋友人脉关系”对工作表现或业绩有重要的作用。在职场上，这一要素需要引起重视，要注意避免过分依赖人脉关系。

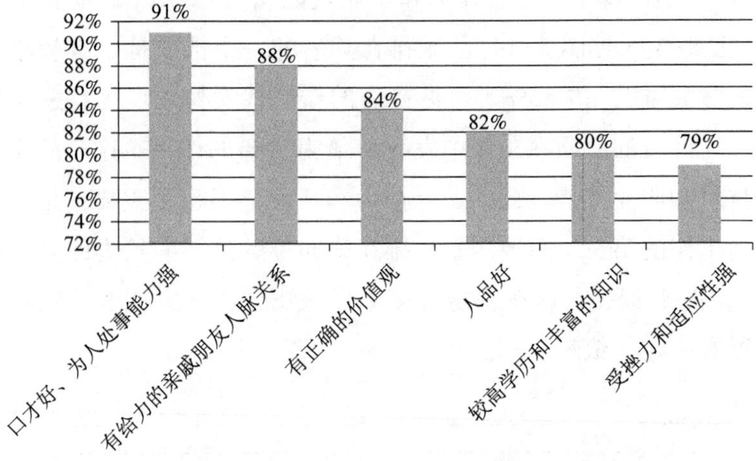

图 5-15　蒙城县新生代女性农民工进入管理岗位的影响因素

（2）关于新生代女性农民工潜在能力的认知。在回答“如果你希望获得更多的收入，最需要具备什么样的能力”时，“更专业的职业技能”和“团队协作意识强，员工之间能够相互支持和补台”被排在前两位，分别占 93%、90%（见图 5-16）。在回答“您认为这些能力获得的最佳方式是什么”时，新生代女性农民工最集中的答案是“职业培训”，可见，无论是专业技能还是专业素养，她们认为职业培训是最好的途径。

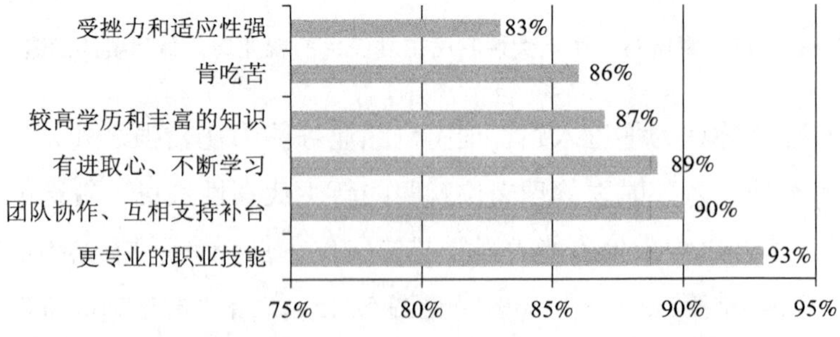

图 5-16　蒙城县新生代女性农民工获得更多收入最需要的能力

对于“你平常平均每周是否有时间用于专业技能或知识的自主学习，如自学或向同事请教等”，回答“几乎没有时间学习”的占比最高，达59%；“尽量抽出时间学习”的占31%；仅有10%的新生代女性农民工回答“几乎每周都保证自主进行专业方面的学习”（见图5-17），由此可见，蒙城县新生代女性农民工自行进行自主学习的能力不强。可能与部分新生代女性农民工从事第二产业工作辛苦、工作时间长，而没有太多闲暇时间或即便有闲暇时间但由于白天工作太累而没有精力学习有关。同时，也与部分第三产业特别是在个体工商户就业的新生代女性农民工工作缺乏目标感，因而比较纠结、不知从何学起，导致自学学习动力不足有关。

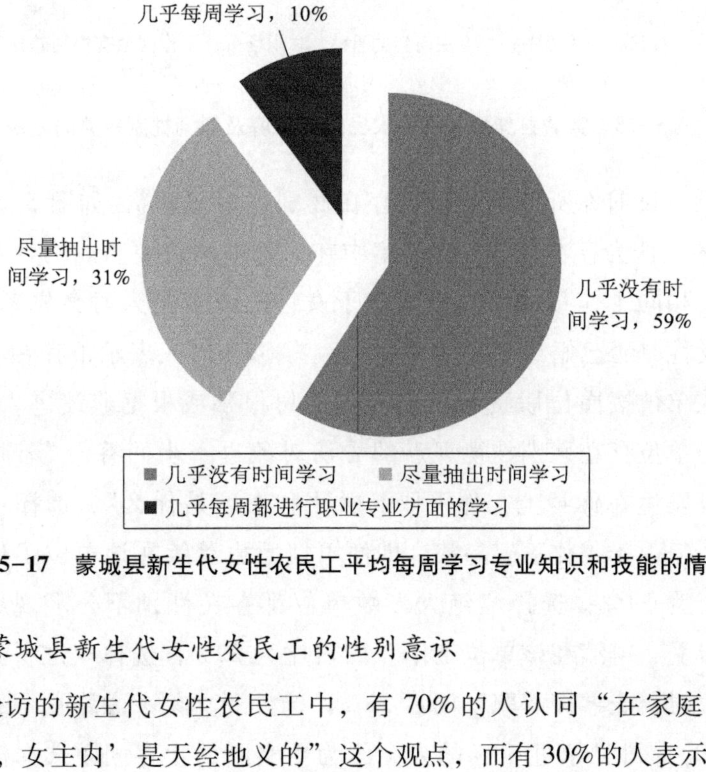

图5-17　蒙城县新生代女性农民工平均每周学习专业知识和技能的情况

3. 蒙城县新生代女性农民工的性别意识

在受访的新生代女性农民工中，有70%的人认同“在家庭分工中，‘男主外，女主内’是天经地义的”这个观点，而有30%的人表示不认同。另外，对于“在职场中，‘工作业绩不会因为男女性别有差异，主要看付出努力的程度与结果’”，赞同这种观点的约为47%，也有53%的人认为

“在职场中，‘男女会因为性别有不同擅长的岗位与分工，最后业绩会有差异’”（见图5-18）。这表明，大部分新生代女性农民工对于家庭中男女分工的认识还比较保守，并认为职场中两性之间存在的性别角色会使得有些工作岗位也带有性别色彩。

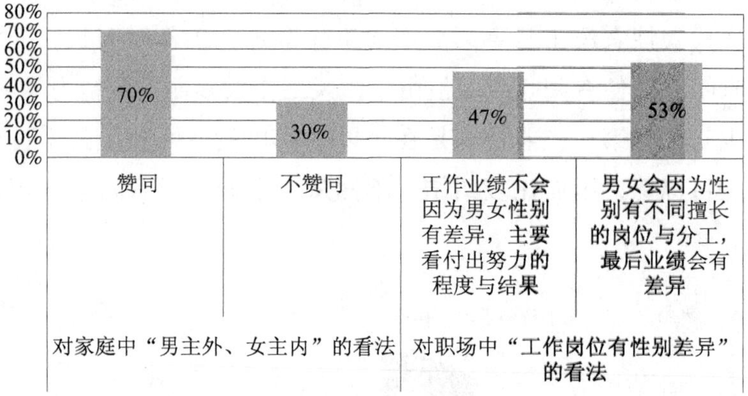

图5-18　蒙城县新生代女性农民工对家庭及职场性别差异的看法

对于“目前你所在单位是否存在性别歧视现象”，如图5-19所示，有61%的人认为存在，理由主要集中在：管理岗位更喜欢男性担任；相同岗位，相同工作量，男性报酬多于女性；或者用人时会先考虑男性，或考虑女性是否已婚或已经生小孩等。有39%的人表示不存在，她们认为，所在单位按岗位职责和付出多少支付报酬或根据业绩进入管理岗。认为目前单位存在性别歧视观点的受访对象进一步回答，“若存在性别歧视并且发生在你身上，你采取的做法和态度是什么”，选择“虽感觉不公平，但由于工作不容易找，即便不情愿也继续在该单位工作”的占比最多，为31%；选择“绝大多数单位都存在性别不公平现象，很正常，能接受，继续在该单位工作”的占比为22%；选择“准备先积累工作经验，时机成熟即辞职”的占25%；选择“立刻考虑辞职”的为22%（见5-20）。可见超过50%的人会因为更实际的生存问题选择漠视或接受性别歧视现象。

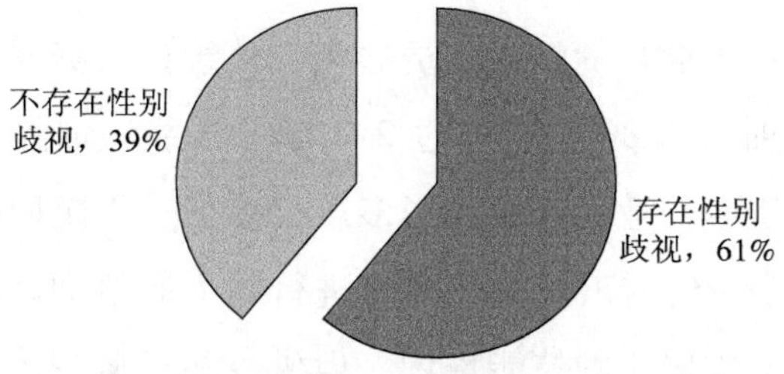

图 5-19　蒙城县新生代女性农民工认为所在单位是否存在性别歧视

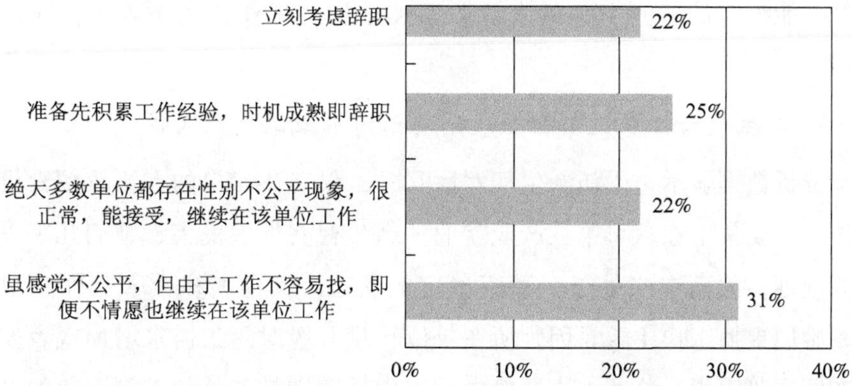

图 5-20　蒙城县新生代女性农民工所在单位存在性别歧视时的做法和态度

（四）影响蒙城县新生代女性农民工就业竞争力构建的原因分析

与对翁牛特旗新生代女性农民工就业及竞争力构建的分析思路和方法一样，在此同样是结合蒙城县新生代女性农民工的职业技能与从业情况、综合素质、就业潜力、性别意识四个反映就业竞争力的内容存在的问题进行原因分析。

1. 新生代女性农民工受教育程度偏低，参加培训的机会少

调研数据表明，与老一代女性农民工比较，受访新生代女性农民工总体学历水平不低，具有高中及以上文化程度的占 69.8%，但高中（不含）以上文化程度的仅占 31.7%，而且在受访的人当中没有技术或资格证书的人员竟高达 63%。一方面，需要家长重视女生的教育；另一方面，客观上需要对她们加强职业技能培训和职业的引导。调研数据进一步发现，约有

59%的新生代女性农民工没有参加过职业培训，尤其是以部分私营企业第三产业从业或个体工商户的就业人员居多。从统计数据看，参加过3次及以上职业技能培训的为8%，参加过2次职业技能培训的为21%，这些主要是省外参加加工制造业就业的人居多。仅参加过1次职业技能培训的为12%。这些人员多是省内正规就业的人进行的入职培训。近年来，政府组织了一些专门针对农民工的技能培训，但供给相对偏少。从现有参加过培训的人员来看，90%的人认为参加培训比较实用，而且主要是针对岗位所需的技能组织的，但10%的人认为参加培训对工作作用不太大，应用性不强。

2. 新生代女性农民工职业规划意识薄弱或缺乏长久性

分析数据显示，受访新生代女性农民工仅有24.5%的人比较频繁更换工作，主要集中在从事第三产业就业的新生代女性农民工，她们几乎没有职业规划，因而未来处于一种不确定的状态。其他大多数人工作相对稳定，她们更换工作主要是因为所在单位转型升级对用工需求增加或者发生破产倒闭等因素，这些人主要集中在省内外特别是省外加工制造业的新生代女性农民工，她们通常对未来具有初步的想法，一部分已婚的新生代女性农民工的丈夫也在同一个城市打工的，希望长期留在企业工作，能够全家在城市工作生活，并希望未来能有机会转到更好的岗位。也有部分已婚的新生代女性农民工孩子留在老家上学，她们希望工作几年积累些资金和工作经验后，能够回老家进行微型创业，方便照顾孩子和家庭。未婚的女性则更多表现出在城市工作生活的意愿，一部分希望继续留在本企业，也有一部分希望有机会找到更好的工作。总体上看，她们中的人要么缺乏规划意识，要么规划意识薄弱、缺乏长期性，因此，客观上，需要组织对新生代女性农民工职业认知与职业生涯规划方面的培训。

3. 部分受访新生代女性农民工职业适应性有待提升

调研表明，年龄在18岁以下或在18~24岁的这些受访新生代女性农民工一方面由于从小并没有务农经历、吃苦的机会不多，所以早早进入工作岗位后，对待工作中的困难往往不适应或以消极的方式对待，因而职业发展的上升空间有限。另外，在部分私营企业或个体工商户从业的部分新生代女性农民工也表现出明显的职业不适应性特点，这主要缘于她们的工作发展前景不太乐观，看不到可观的职业前途，使得她们工作投入的时间和精力都不够。当然对于第二产业从业的大部分新生代女性农民工，虽然有基本的职业发展的思考，但是否恰当合适、科学，都有必要进行正规的职业生涯规划培训，以利于其职业发展更为顺畅、持久。

4. 新生代女性农民工职业期待过高

调研数据显示，受访新生代女性农民工中仅有18.8%的人对工作非常满意，约高达55.5%的人对工作不满意，她们对未来职业期望较高。进一步问卷调查发现（见表5-17），其中，18%的人认为工作条件差，23%的人觉得工资待遇低，14%的人感觉工作中人际关系不好，14%的人认为工作没有体现自己的价值，不适应工作环境及对工作不感兴趣的分别占13%和18%。

表5-17　新生代女性农民工职业不满意的影响因素

影响因素	人数百分比（%）
工作条件差	18
工资待遇低	23
工作中人际关系不好	14
工作没有体现自己的价值	14
不适应工作环境	13
对工作不感兴趣	18

5. 新生代女性农民工需继续强化性别意识

关于男女在家庭分工角色的认识上，70%的新生代女性农民工认识过于传统，可能会在一定程度上影响到她们的工作定位与投入。对于工作中可能存在的性别歧视，有超过50%的人表示接受，其中虽然有现实因素的考虑，但也在一定程度上反映出她们的性别意识有待进一步强化。同时，还需要更清晰地进行职业定位、强化职业技能，才可能真正通过增强就业竞争力，更主动地适应工作关系，更好地处理好工作和生活中的两性关系。

（五）蒙城县新生代女性农民工就业竞争力构建的思考

新生代女性农民工的就业问题在很大程度上关系到一个国家的长远发展与社会安定问题，因此，政府应该充分发挥其行政管理职能、政治职能以及经济职能，加大对这个群体的就业问题的关注与投入，应该将其作为重要的战略方针给予重视，因为这是我国特有的社会经济问题，也是二元制结构下特有的现象。因此，需要政府在专门针对新生代农民工就业或新生代女性农民工就业的法律制度层面、就业竞争力构建方面、培训体系建设方面、资金投入及咨询服务等多个层面进行系统考虑和统筹设计。

安徽省是农村剩余劳动力输出的大省之一，蒙城县的受访新生代女性农民工中，有 32.1% 的人目前在外省就业，主要分布在上海、江苏、广东、深圳及北京等城市。

1. 改变部分传统落后的观念，重视女性的受教育机会

改变过去比较普遍的“男主外、女主内”的刻板印象，改变“重男轻女”的传统观念，既要重视九年义务教育，也要重视对女性的学历教育。为此，需要地方政府及家庭进行正确观念的宣传引导与调整，着力提高新生代女性农民工的受教育水平。

2. 政府要构建新生代女性农民工培训的体系

中央政府需要从全国层面进行立法，进行全国统一规范的制度设计，明确培训体系的内涵。改变以往一提培训想到的就是技能和知识培训的观念。技能和知识培训是重要的核心内容，但从国家层面，要从人力资本投入角度出发，树立起构建新生代女性农民工就业竞争力的理念，构建包括职业技能和专业知识学习、综合素质提高、潜在能力提升、性别意识增强等在内的广义层面的培训体系。

为增强农民的技术水平、促进农民增收，目前地方政府组织了多期针对农民的培训，不过主要还是以针对其种植、养殖技术的培训居多，很少

有专门针对新生代女性农民工开展的面向第二、第三产业就业进行的培训。地方政府针对县域内从业的新生代女性农民工也要根据岗位的需求、企业的需要，协调职业院校和第三方培训机构等，设计针对短期、中期和长期的培训机制与项目，适应产业发展的需要，协调劳动力供给与需求之间的矛盾，提供不同层次、不同期限需求的就业培训与劳动力供给。

3. 企业要重视对新生代女性农民工就业的培训

企业重视员工的培训，才可能更好地提高其提供产品或服务的能力。企业应将新生代女性农民工与其他学历层次的员工一视同仁，重视内容丰富多元化的培训，争取实现员工就业竞争力的提高与企业竞争力提升双赢的效果。另外，政府为解决社会就业问题，应该对组织新生代农民工培训及就业的企业给予一定程度的补贴作为激励，实现企业与社会的双赢。

4. 对于部分受访对象区域流动跨度大的问题，要发挥多方主体的作用

建议发挥新生代女性农民工户籍所在地政府、就职的企业及生活的社区三方主体的作用，为其提供便利的就业服务指导与培训学习。当然这同样需要国家层面的高度重视，构建全国统一的就业服务、培训教育及就业竞争力构建的体系，进而便于各方主体落实和有针对性地细化工作内容。

三、新生代女性农民工就业问题的县域比较——基于内蒙古翁牛特旗与安徽省蒙城县的调研数据

（一）两县域经济发展水平的比较

从翁牛特旗和蒙城县两个（旗）县域的经济看，前者经济总量不及后者，且产业结构优化的进展迟于后者。例如：2016 年，翁牛特旗人口约 48.6 万人，实现地区生产总值 153.97 亿元，其中，第一产业增加值 43.1 亿元，第二产业增加值 67.67 亿元，第三产业增加值 43.19 亿元，三次产业呈“二三一”模式①。蒙城县人口约 132 万人，2016 年，实现生产总值

① 数据来源于《翁牛特旗 2016 年国民经济和社会发展统计公报》。

（GDP）240.3 亿元，其中，第一产业完成增加值 50.6 亿元，第二产业完成增加值 91.5 亿元，第三产业增加值 98.2 亿元，三次产业呈现“三二一”模式①。但考虑到人均指标，翁牛特旗人均生产总值要高于蒙城县，两地都存在城乡经济发展不均衡的二元结构问题，而且前者区域不平衡还表现为农牧区与城镇之间的差距较为突出。

（二）受访新生代女性农民工的就业情况比较

1. 从受访的新生代女性农民工就业的产业与行业来看

两地都是第三产业从业占比较多、第二产业就业比例较少，主要是因为第三产业包括的领域多、就业机会多，有的岗位对于就业条件的要求比较宽泛。但是翁牛特旗第二产业就业的比例要小于蒙城县，反映出翁牛特旗第二产业吸纳就业的能力还有待进一步挖掘。但通过问卷同时也会发现，蒙城县第二产业从业的比例虽比翁牛特旗比例偏高，不过其中有一部分是省外第二产业就业的结果。这在一定程度上说明，蒙城县新生代女性农民工本地从业的机会受到人均资源占有量的约束，促进了部分农村剩余劳动力流动到省外就业。从其所从事的行业来看，差异不大，多就职于第二产业中的加工制造业，第三产业中的批发零售业、餐饮服务业、家政业、保险销售、医药销售及美容美发等服务行业。

2. 从受教育程度与技能水平来看

两地略有不同的地方表现在，翁牛特旗新生代女性农民工的受教育程度与学历水平较蒙城县的偏高，但是她们对于专业或职业资格证书的获取情况比较相似，均有超过 50%的人没有任何职业技术资格，这会使得她们求职时缺乏竞争力，同时客观上对培训有很大的需求。

3. 从就业稳定性与工作满意度看

相对于翁牛特旗，蒙城县新生代女性农民工的就业稳定性更高一些，她们更换工作的次数不是太频繁。这与她们中从事第二产业加工制造业的

① 数据来源于《蒙城县 2016 年国民经济和社会发展统计公报》。

比例偏高有一定关系。这一领域相对稳定，人们从业后也希望能有稳定持续的工作上升和收入增加的空间，一般都是企业遇到转型升级或发展瓶颈时，翁牛特旗新生代女性农民工被动更换工作的人数占比大一些。不过从工作满意度看，两地均都有超过50%的人表示对现有工作不满意。

4. 从职业综合素质和就业潜力认知来看

首先，两地新生代女性农民工都表现出比较好的职业素质，认为自己能胜任目前岗位的前三位的要素虽然排序略有不同，均是“专业技术和职业技能”“肯吃苦、不斤斤计较”“受挫力和适应性强”。不过紧随其后的一项因素都是“有给力的亲戚朋友人脉关系”，在一定程度上反映出，地方上的工作关系中人脉关系起着比较重要的作用，对此，需要新生代女性农民工一方面在工作中积极正确地积累和运用这种人际关系，但同时也要避免可能带来的社会不公现象的出现。

其次，从潜在能力方面来看，两地对获得更多的收入需要具备的能力的认识上都比较到位，翁牛特旗受访新生代女性农民工比较集中于“更专业的职业技能”和“较高的学历与丰富的知识”，而蒙城县的受访新生代女性农民工则更倾向于“更专业的职业技能”和“团队协作意识强，员工之间能够相互支持和补台”，可见“更专业的职业技能”都被排在首位，她们意识到这是就业中最核心的能力所在。同时，她们一致认为，应该通过职业培训的方式获得这些能力。不过平时她们进行自主学习的情况都不太乐观，都有超过50%的人表示几乎没有时间学习。可见自主学习的能力及动力都不足。

5. 从性别意识来看

蒙城县新生代女性农民工对于性别的认识更偏于传统和保守，在存在性别歧视现象时，她们绝大多数人会选择接受并继续在原单位就业。翁牛特旗新生代女性农民工相对更理性，表示遇到这种情况可能会通过改变自己的工作来解决这一现象。当然两地都还需要继续强化她们的性别意识，以便在工作中、生活中都能够自如地解决和处理好两性关系。

（三）新生代女性农民工就业竞争力构建的建议

首先，从以上的对比来看，最终和最根本解决新生代女性农民工就业的思路是从长远发展考虑、从人力资本投入出发，加强培训，而且是包括职业技术与技能在内，还包括增加综合素质、提升潜在能力、强化性别意识在内的一系列、全方位的培训。

其次，要注意引导新生代女性农民工思考和明确职业定位，建立长期的职业发展规划，特别是适应区域产业结构的发展与升级的需要确定自己的特长与技能，培养社会岗位所需要的技能和能力。

再次，通过培训、职业教育、讲座等多种形式加强对新生代女性农民工非技能因素的培训，例如：情商的培养、人际关系的建立、职业与行业认知等。

最后，新生代女性农民工的就业问题需要从竞争力构建的视角出发进行认识和重视。需要国家层面全方位的统筹设计与高度重视，同时需要地方政府、企业、职业院校或第三方培训机构，甚至社区及新生代女性农民工个人共同配合，促进这一群体就业竞争力体系的构建和培训体系的建设。

第三节　福建省莆田市青山村新生代女性农民工就业问题调研分析[①]

女性农民作为农村劳动力不可或缺的组成部分，为我国经济发展做出了重要贡献。随着我国城市化进程的不断加速，土地征用面积越来越大，失去土地的女性农民越来越多，她们不得不寻找新的出路——外出就业或就近就业，从而被动加入“女性农民工”的大军。然而随着产业结构的调整，她们的就业结构将发生根本性变化，她们进行非农就业时的适应性及就业中存在的问题特别值得关注。本节以福建省莆田市城厢区青山村女性失地农民工为调研对象，分析其在城市化进程中就业时存在的问题并提出构建其就业竞争力的一些思考。

① 国晓丽. 城市化进程中女性失地农民工就业问题与竞争力构建探析——基于福建省莆田市城厢区青山村的调查［J］. 经营管理者，2015（7）.

一、研究背景与问题提出

改革开放以来，我国农村经济得到了较快发展。女性农民作为农村劳动力不可或缺的组成部分，也为我国农村经济的发展发挥了重要作用。然而，随着城市化进程的加速推进及土地的被征用，失去土地的女性农民越来越多，她们不得不寻找新的出路——外出就业或就近就业，从而被动加入女性农民工的大军。受中国工业先行的早期发展模式影响，与城镇居民相比，农民在受教育年限、文化水平等方面与其存在较大差距，尤其是女性农民，在农村重男轻女、男主外女主内等传统观念的影响下，受教育年限和文化水平及就业能力等更是远远落后于城镇居民。于是土地被征用后，女性失地农民工这个群体成为新的弱势群体，往往被排挤在现代化大门之外。解决她们的就业问题关系到女性在家庭中的经济地位、家庭生活的和谐、农村经济的发展及对下一代的教育等长远影响。

我国关于失地农民工的就业与收入等方面的相关研究比较丰富。朱杰、吕家发、顾卫东（2012）指出失地农民由于以下多个方面的原因，在就业与收入方面处于劣势地位：首先，大多数的失地农民存在年龄大、受教育程度低、非农劳动技能缺乏等情况，在劳动力市场上处于劣势地位，同时由于长期从事农业劳作，农民大多没有从事农业之外其他产业应具备的技能，无法满足用工企业要求，就业竞争力低；其次，征地补偿费用低，信息获取能力差等原因也导致失地农民缺乏创业的足够条件；再次，部分失地农民存在小农意识，安于现状，坐吃有限土地赔偿金的情况。魏瑞清（2013）提出，我国许多失地农民存在职业技能缺乏、自身素质偏低、无法满足企业用工需求的问题，在解决这些方面的问题上，发达国家的一些举措值得我国政府学习。例如：日本结合自身特点对失地农民实行“跳跃式转移”及“农村非农化转移”；韩国推行的“新村运动”，对农民进行普遍教育，提升农民的劳动者素质；英国每年有近30%的农民参加各种农业培训活动；印度《全国农村就业保障法案》规定，政府为农村家庭提供100天的非技术性手工劳动的就业机会，且对最低工资进行明确的限定。戴年红、李石新、熊云（2012）认为，解决失地农民的就业和收入问题的重要举措，一是改进征地补偿制度。包括使征地补偿制度多样化，提高土地征用补偿的标准，健全征地补偿的法律制度。二是建立新型的就业机制。包括加强失地农民的培训，将失地农民纳入城镇就业体系。三是完善社保、医疗和养老体系。田宜国、崔永军（2013）提出鼓励新生代失地农民工群体充分就业的思路，一方面，以提高新生代失地农民工群体的就业能力和完善其就业技能为重点，提高其就业能力，鼓励和支持多渠道就业。另一方面，支持和鼓励新生代失地农民工在城市自主创业。陈建宏、朱维魁、陈冬梅、李博（2014）结合杨凌示范区的情况，分别从政府、用人单位、职业院校和商业培训机构及新生代农民工个人等不同角色视角提出对新生代农民工进行有效职业技能培训的对策。

以上研究少有针对女性失地农民工群体进行的专门探讨。本节即以福建省莆田市城厢区青山村为例，通过问卷调查和个别访谈等方法，获取当地女性失地农民工的收入现状与就业情况的一手资料，试图为改善城市化进程中失地女性农民工的就业问题及构建其就业竞争力提出积极的对策和建议。

二、数据来源与样本描述

福建省莆田市城厢区青山村坐落在福建省沿海中部，该村东北部是太湖工业园区，园区以发展食品加工、贸易物流和汽车配件等产业为重点。在园区带动下青山村工业化程度较高，交通发达，集工业、餐饮、娱乐于一体，通过村庄整合，许多耕地被征用，因此，村民随着城市化的发展、土地的被征用，大多从事着非农就业或半工半农的生活方式。

本研究以福建省莆田市城厢区青山村为调查地区，共计发放调查问卷565份，收回532份，有效问卷523份，有效回答率98.31%。其中，福建户籍人口417人，外省户籍人口106人；农村户籍人口409人，城镇户籍人口 114 人；男性失地农民工 285 人，女性失地农民工 238 人。

通过问卷调查发现，当地男性失地农民工的就业状况除工种外和女性失地农民工的就业状况没有较大的差别，收入方面也无较大的性别差异，男性员工和女性员工在企业受到的待遇较为公平，几乎不存在性别歧视问题。故本研究仅以女性失地农民工为研究对象进行具体分析。女性失地农民工中已婚 155 人，占女性有效问卷的 65%，未婚 83 人，占 35%；福建户籍 198 人，占女性有效问卷的 83%，外省户籍 40 人，占 17%；农村户籍人口 217 人，占女性有效问卷的 91%，城镇户籍 21 人，占 9%，见表 5-18。

表 5-18　女性失地农民工的基本信息

女性失地农民工	人数	百分比（%）
已婚	155	65
未婚	83	35
福建户籍	198	83
外省户籍	40	17
农村户籍	217	91
城镇户籍	21	9

从年龄角度上看，18 岁以下的女性失地农民工有 3 人，18~30 岁的有 104 人，31~40 岁的有 79 人，41~55 岁的有 52 人，见表 5-19。

表 5-19　女性失地农民工的年龄构成

年龄	人数	百分比（%）
18 岁以下	3	1.3
18~30 岁	104	43.7
31~40 岁	79	33.2
41~55 岁	52	21.8
56 岁以上	0	0.00
合计	238	100.00

从女性失地农民工的文化程度来看，在收回的238份有效问卷中，未曾上学的有1人，小学文化的26人，初中文化的有87人，高中文化的有36人，中专、大专或高职文化的有70人，大学文化的有18人，见表5-20。

表5-20　女性失地农民工的文化程度

文化程度	人数	百分比（%）
未曾上学	1	0.4
小学	26	10.9
初中	87	36.6
高中	36	15.1
中专、大专或高职	70	29.4
大学	18	7.6
研究生及以上	0	0.00

三、女性失地农民工的就业困境分析

（一）就业渠道受限，收入来源单一

首先，从调研数据看，约65%女性失地农民工是已婚妇女，就业时需要考虑的家庭因素较多，为了顾及婚姻家庭、子女教育、父母的照料等问题，许多女性失地农民工不愿到离家较远的地方就业，主要选择在离家较近的企业就业，从表5-21来看，女性失地农民工在回答工作变换的主要原因时，有64人选择了婚姻家庭，占全部女性有效调查问卷的26.9%；子女教育选项有75人选择，占31.5%。

其次，愿意招收女性失地农民工的企业都是一些中小规模的乡镇企业，许多是在原有征用土地上刚建立不久的加工企业，企业数量不会很多且企业可吸收的用工人数有一定的限制，导致女性失地农民工的就业渠道受限。

再次，大部分女性失地农民工就业时在文化水平上不具有有利优势，

职业技能缺乏。

此外，女性农民在失地后的收入主要来源于再就业的工资收入，收入来源较为单一，因此，问卷中66.8%的女性失地农民工在就业时考虑了工资薪酬这个因素，见表5-21。

表5-21　女性失地农民工工作变换的主要原因

选 项	频 数	性别有效百分比（%）
A 婚姻家庭	64	26.9
B 子女教育	75	31.5
C 工资薪酬	159	66.8
D 就业、择业观念	70	29.3
E 国家政策	5	2.1
F 原单位并购重组、破产倒闭等	8	3.4
G 工作因素（工作量、工作的重复枯燥性等）	94	39.5
H 心理因素	33	13.9
I 其他	37	15.6

根据调查问卷数据，发现有227人的工资结算类型是按月结算，也就是说女性调查对象的工资收入有95.4%是按月结算的。

从238人被调查的女性农民工收入水平看，月工资在1000元以下的有4人，占1.7%；1000~2000元的12人，占5%；2000~3000元的116人，占48.8%；3000~4000元的94人，占39.5%；4000~5000元的7人，占2.9%；5000元以上的5人，占2.1%，见表5-22。可见，女性失地农民工收入的主要来源是每月较为固定的月工资收入，其中，月收入2000~3000元的占了近50%；与她们大多从事底层的、工作负荷量较大的基础性工作，且大都会经常加班的工作状况相比，女性失地农民工的收入较单纯且固定，总体偏低。仅有少部分从事个体工商户经营、批发或零售的女性失地农民工收入较高。

表 5-22　女性失地农民工的工资收入情况

工资范围（元）	频数	占性别有效百分比（%）
1000 以下	4	1.7
1000~2000	12	5.0
2000~3000	116	48.8
3000~4000	94	39.5
4000~5000	7	2.9
5000 以上	5	2.1

注：工资范围含下限不含上限。

（二）就业能力差，就业层次低

随着我国产业结构的升级、转换和调整，部分劳动密集型企业开始增加资金投入，扩大资本的有机构成，减少企业的用工数量，而知识型、技能型和专业性的人才在劳动力市场日益紧缺。单就职业技能来说，女性失地农民工要想在离家较近的乡镇企业找到工作岗位，对职业技能方面就需要引起足够的重视。由于女性农民工本来的劳动技能主要应用于农业，相对第二产业和第三产业对知识和职业技能的要求较低。从表 5-20 看，实现就业的女性失地农民工，初中及初中以下文化水平的有 114 位，占女性有效问卷的 47.9%，占了近 1/2 的比重。加之女性失地农民大多属于非自愿非农就业，普遍存在文化程度不高、缺乏非农就业技能等就业劣势条件，女性失地农民工的整体就业能力难以满足用工企业对劳动力的需要。

女性农民在土地被征用后，选择再就业时，受职业技能较低、受教育水平不高等多方面因素的影响，在再就业的行业选择上，没有足够的条件为自己选择适合的和喜欢的行业，大部分的女性失地农民工往往选择在被征用的土地上建设的开发区工作，因为这些企业离家不远，方便照顾家中的老人和小孩。从女性失地农民工工作行业状况的调查数据来看，女性失地农民工从事制造业行业的比重最大，有 154 位从事这一行业，占全部 238 位女性有效问卷的 64.7%（见表 5-23），她们虽然实现了再就业，但是工资低、工作量大且岗位不稳定，抗风险能力差；同时，有相当一部分的女性农民在失地后没有稳定的工作，为了生计，从事散工、临时工等间歇性的工作，在调查问卷中，有58位属于这一情况，占24.4%。

由表5-24可以看出，在回答是否进入到管理岗位这一问题上，有225位女性问卷被调查者选择了“否”，占女性有效问卷的94.5%，以上均表明女性失地农民工就业层次较低。

表5-23　女性失地农民工的工作行业状况

工作行业	人数	百分比（%）
制造业	154	64.7
建筑业	8	3.4
住宿、餐饮、娱乐业	7	2.9
批发与零售业	4	1.7
居民服务业	7	2.9
其他	58	24.4

表5-24　是否进入到管理岗位

选项	答卷频数	性别有效百分比（%）
A是	13	5.5
B否	225	94.5

（三）企业的转型升级对女性失地农民工的就业条件提出更高要求

一方面，从“目前企业是否提供培训机会”的调研结果中发现，有59%的企业会提供培训机会，但仍有41%的企业不会提供，这意味着，这41%的企业对于“几乎零职业技能”的女性失地农民工来说是就业排斥的。与此同时，来自福建省莆田市城厢区统计局的数据表明，2011—2012年期间，城厢区的企业单位个数从1485个陡然降到890个，数量锐减了595个，致使大量的原来已经就业的女性失地农民工再度失业，进一步加剧了女性失地农民工的就业压力；而从个别访谈获得的信息表明，企业受后金融危机的影响不断转型升级，对用工方面的要求不断提高，将更为重视劳动力的质量，因而对女性失地农民工的就业要求提出更为严苛的条件，客观上要求女性失地农民工大幅提升自身的就业综合素质。

（四）地方政府职能缺位，加剧就业和收入困境

首先，地方政府应慎重考虑工业化发展的模式及征用农地后对当地农民带来的福利增减程度，而不应以牺牲农民的利益为代价换取工业化和城市化发展。其次，征地补偿机制中应该考虑到农民市民化后的长远生存能力。而事实上，地方政府恰恰对以上问题的关注过于现实或短期化而出现职能缺位，致使失地农民的利益受损。

从调查数据来看（见表 5-25），约有近 80%的女性失地农民工愿意通过职业教育或培训等学习机会获取更好的工作条件，但政府对农村就业服务供给方面明显不够，政策更多向城镇倾斜。政府农村公共就业服务的供给不足和旺盛的失地农民就业服务需求的矛盾加剧了女性失地农民工未来就业的困境。

表 5-25　是否愿意通过学习以取得更好的工作条件

选 项	频 数	女性有效百分比（%）
A 愿意	189	79. 4
B 不愿意	49	20. 6

四、构建女性失地农民工就业竞争力的可行性建议

（一）以产业集聚为依托，拓宽女性失地农民工就业渠道

产业的集聚可以使被征用土地的农村地区逐步成为大量企业发展的聚集地，通过企业集聚和产业支撑提升农村地区的社会外溢功能和造血能力，通过为失地农民提供足够的就业岗位和社会保障促使其由被动城市化转化成真正的城市化。除了稳定“就地安置”以及“谁用地谁安置”的安置方式外，政府应实行“功能性安置”的方式，给予安置失地农民就业的企业在政策、税收及金融等方面提供激励措施。积极发展非农产业及服务

业，鼓励女性失地农民工在小城镇就业、自主创业，大力开发社区就业岗位，扶持城镇中小企业和新型产业的发展，增强其吸收失地农民就业的能力，以转移农村失地人口；同时，政府还要引导失地农民转变就业观念，让失地农民积极参加各种劳务输出组织，扩大失地农民在国内外的就业机会。

（二）加强劳动力培训体系的建设

女性失地农民工普遍存在着文化技术素质偏低、缺乏职业技能、就业难度大的问题，因此，需建立和完善教育培训机制，为女性失地农民工提供受教育和培训的机会。首先，政府应加强女性失地农民工就业培训基地的建设，同时，增强就业培训的实用性和针对性，针对新生代和老一代农民工根据其文化程度和就业意向等不同安排不同的就业培训内容，真正促进其不同层次的非农就业。其次，在对女性失地农民工进行就业培训时，要实行目标导向的培训认证制度，引导女性失地农民工积极主动地参加就业培训以获得相关证书，为今后的就业创造有利条件。再次，政府要加大对女性失地农民工就业培训体系建设的财政扶持力度，提供专项资金对就业培训进行补贴，在条件允许的情况下，用人企业和女性失地农民工可以合理承担部分费用以保证失地女性农民工就业培训项目资金的充足性，即可以采取政府补贴与用人单位、女性失地农民工合理分担就业培训费用的措施来推进女性失地农民工的就业培训。

（三）创造有利于女性失地农民工的就业环境

就业环境对女性失地农民工就业和收入问题的解决有重要的影响作用。首先，推动失地女性农民工的就业和收入问题的解决应健全劳动市场法规，保障女性失地农民工的合法权益。其次，对有条件的女性失地农民工进行自主创业应给予税收上的优惠和经济上的支持，可以设立女性失地农民工再就业和增收援助基金，以奖励在安置女性失地农民工就业上有较好作为的企业单位。再次，政府还应统筹城乡间的就业市场和就业服务设施，建立城乡统一的、公平公正、高效有序的就业市场体系，消除女性失地农民工在就业中受到的户籍歧视等不平等待遇；同时，促进女性失地农民工就业和收入问题的解决还要充分发挥市场在调节就业中的决定性作用，建立起城乡居民自主择业、平等就业的就业制度，让女性失地农民工在户籍制度、子女就学方面与城市市民享有平等地位。最后，还应建立起城乡一体化的劳动力市场信息服务网络，实现就业信息的平等共享。

（四）推动城乡户籍管理制度改革

我国现行的城乡二元结构户籍管理制度实质是一种身份管理制度，将城镇居民和农村居民人为地分割成农业户口和非农业户口，在求学、就业、就医等社会保障领域实施差别化的福利待遇，加剧了我国城乡的差距。城市化的目的是为了缩小农村与城镇的差距，所以在推进城市化的过程中，应打破现有的城乡二元结构的户籍管理制度，逐步剥离户籍管理上的不合理功能，淡化户籍的作用，使其仅成为统计数据的工具；同时，还应推行一元化的户籍登记制度，取消农业户口与非农业户口的分类登记方式，回归户籍的人口登记功能。此外，应配套地推进建立在户籍二元体制上的社会福利制度改革，让女性失地农民工可以公正地享有就业、劳动保障教育、医疗保障等方面的权利。

（五）构造有效畅通的就业信息服务网络

在当前女性失地农民工就业和收入形势不乐观的情况下，各级政府应积极建立劳动力市场和女性失地农民工之间的就业信息服务网络，实现女性失地农民工和劳动力市场的双向沟通。加大政府财政对农村公共就业信息服务平台的经济支持，改善现行农村就业信息服务体系的硬件和软件设施，增强其配备人员的技能，将包括劳动部门在内的其他相关部门囊括在网络内，并对就业信息的收集、传送、接收、反馈等环节中职责和权力进行明确的规范和限制，实行规范化管理，以创造有利于失地女性农民就业和增加收入的机制和信息环境。此外，还应该大力发展女性失地农民工就业中介合法组织，以降低女性失地农民工在就业信息的筛选、接收上的盲目性，促进女性失地农民工劳动力的合理流动。同时，在具备条件的地区，还可以成立创业服务机构，与各地的培训和企业咨询机构联网为女性失地农民工的创业提供帮助。

第四节　新生代女性农民工就业中需要思考的问题

一、充分发挥政府在新生代女性农民工就业中的作用

新生代女性农民工就业问题直接影响到该群体自身的职业发展，但更关系到一个家庭的稳定、和谐，影响到下一代子女的教育与发展，甚至关乎整个社会的可持续发展，对于国民素质的提高和经济社会的发展具有较强的正外部性。因此，新生代女性农民工的就业问题具有准公共产品特征，政府理应担负起相应的供给责任。为此，要充分发挥政府在新生代女性农民工就业中的作用和职能，有所为，主动为。政府的政治职能、经济职能、行政管理职能主要体现在明确立法、政策制定、财政投入、服务供给、运行监管等方面。

我国目前非常重视农民工的就业与生活保障工作，在历年政府工作报告中都会有所体现。实施各项政策的时候也取得了不小的成果，然而也不可避免地发现，各职能部门各司其职、各管其事，加上缺失明确的法律法规，导致解决农民工就业及生活保障等问题的效率有失偏颇。为此，建议出台有关构建新生代农民工就业与培训的相关法律，全国应设立专门为新生代女性农民工就业与培训服务的专门管理机构，地方各级均设有分支管理机构，专门负责为新生代女性农民工服务。该专门管理机构负责牵头设计并出台全国统一标准的新生代女性农民工就业竞争力构建的体系及相关的职业教育和培训体系，并建立全国联网的就业信息服务平台。该专门管理机构进行统一安排、统筹管理，避免多头管理、互相推诿，并通过立法的形式明确该方案或体系的重要地位，把新生代女性农民工的就业与培训

教育问题上升到战略高度，全国一盘棋，上下高度重视、有序落实。

此外，运用多种财政手段加大财政对新生代女性农民工的就业及培训教育工作。建议把财政专项纳入预算，确保资金的足额到位与专款专用。通过财政补贴、税收减免或税收优惠等方式对积极参与解决新生代女性农民工就业的企业、职业学校、第三方培训机构等给予相应的激励，也可以通过这样的财政手段吸引其他社会资本真正参与其中。完全财政拨款必然会导致财政的巨大压力，因此，建议尝试运用金融手段、金融杠杆作用补充资金不足的问题。例如：面向有职业培训需求的新生代女性农民工设计和发放财政贴息小额贷款等，解决新生代女性农民工培训费用问题。此外，高度重视政府的服务和监管的作用，提高政府解决新生代女性农民工就业问题的行政效率。

二、就业市场中性别差异的认识

一直以来男女劳动力在劳动与闲暇之间的选择、家庭与职场中的分工均有所不同，甚至在相同条件下男性往往会比女性有更多的就业机会，我们需要对此有客观的认识。下面借助劳动供给理论模型进行分析①。

（一）女性就业的理论模型

现代劳动供给理论始于罗宾斯，他认为，收入变化率等于工资变化率加上劳动时间变化率，即随着单位时间工资数量的增加，人们也愿意花费更多的时间投入劳动。此后，道格拉斯、杜兰德和朗进一步提出反映工作时数与工资率之间具有逆向联系的“后弯的”劳动供给曲线，得出工资变化的负的收入效应倾向于超过正的替代效应的推论，即随着工资增长到一定程度，人们趋向减少工作时间，个人劳动供给曲线在到达某点后向后弯曲。对此，Killingsworth 进行了一项彻底的分性别经验考察，结果表明，男性劳动供给曲线在工资率提高时向后轻微弯曲，而女性劳动供给曲线的斜

① 国晓丽．低碳经济转型期女性就业理论与对策分析［J］．中华女子学院学报，2012（3）．

率则有较大递增。Borjas 和 Heckman 在对 9 个实证研究进行仔细考察之后，得出结论，工资率提高 10%将使男性劳动供给量减少大约 1%~2%。Keeley 的估计表明，工资率提高 10%使已婚女性的工作时间增加约 10%。[①]因此，男性劳动供给曲线为后弯，女性劳动供给曲线则呈 U 型。

男性和女性对劳动供给反应的不同，在于两者在时间配置上存在明显的差异。男性的时间配置在市场工作和闲暇两部门进行，而女性时间除了用于市场工作和闲暇之外，还要留部分时间给家庭。后弯劳动供给曲线解释女性劳动供给反应的乏力，使得经济学家从家庭的视角解释个人劳动供给决策。因此，当工资高到一定程度时，替代效应会大于收入效应，男性会减少就业，而女性市场劳动向后的拐点还没有出现，家庭部门的存在，可以作为一个缓冲的空间，随着经济的发展释放出时间用于劳动力市场，从而使就业的收入效应大于替代效应。

女性的劳动供给曲线是 U 型的，这表明，随着经济的发展，女性的劳动力供给呈现先下降后上升的趋势。表现在以下三个方面：第一，在经济发展的初期，人们的收入水平较低，农业是主要的生产部门，诸如种植农作物、饲养家禽等多种形式的农业劳动占主导地位，女性参与劳动的程度较高。第二，随着先进技术的采用及市场的发展，家庭收入水平不断提高，女性劳动力市场劳动参与率下降，她们大部分人虽然总的劳动时数可能没有变化，但很大程度上成为剩余劳动力，女性的部分劳动被家庭购买了，一部分从有酬的市场劳动转为无酬的家务劳动。第三，随着女性教育水平的发展，市场上女性的工资率进一步提高，女性有能力胜任家庭以外的有酬劳动，劳动参与率不断提高[②]。

（二）产业结构升级过程中劳动报酬与就业机会的性别差异分析

影响女性就业的因素除经济发展水平外，还包括产业结构与布局、女

① 张雄．劳动参与率理论发展综述［J］．重庆工商大学学报（西部论坛），2007（4）．

② 郭砚莉，汤吉军．东北老工业基地女性就业理论与对策研究［J］．东北亚论坛，2010（11）．

性的人力资本投入及资源的配置等。在不同的经济发展阶段，产业结构表现出不同的特点，随着产业结构的优化及高级化，男性和女性在劳动报酬与工作机会上均有不同的反应。男性的就业符合后弯的劳动力供给曲线，女性的就业符合U型的劳动力供给曲线。男性时间是在严格的市场—闲暇两部门进行配置的，女性时间则是在家庭、闲暇和市场三个部门之间进行配置的，女性尤其是已婚女性就业很大程度上受家庭部门的影响。同时，在劳动力需求方面，男性与女性也有差别。

（1）在经济发展的中期阶段，第一产业和第二产业为主导产业时，大量的企业工作产生就业需求，劳动力市场对男性劳动力的需求远大于对女性的需求。图5-21中，N表示就业量，W表示工资率。Sf和Sm分别表示女性劳动供给曲线和男性劳动供给曲线。Df、Dm和D分别表示女性劳动需求曲线、男性劳动需求曲线和总的劳动需求曲线。Wf和Nf表示女性工资率和女性就业量，Wm和Nm表示男性工资率和男性就业量。其中，Sm曲线位于Sf曲线的左侧，说明男性人力资本含量高于女性。Df在Dm左侧，且Df比Dm陡峭，说明经济发展水平偏低，适合女性就业的岗位较少，对女性劳动力的需求较少。在这一阶段形成的女性工资率小于男性工资率，且女性的就业机会少于男性的就业机会。

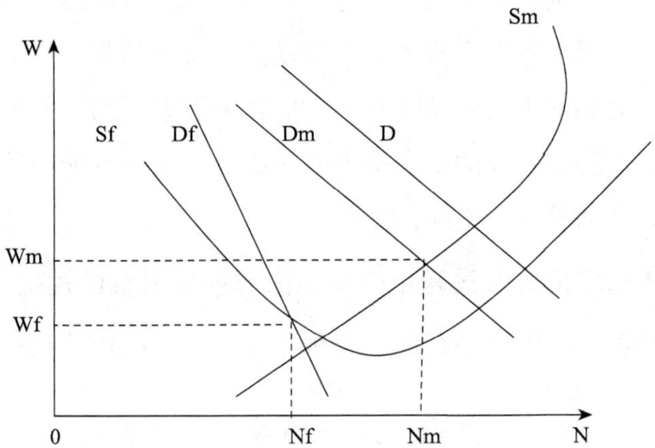

图5-21　经济发展中期劳动力市场均衡决定

（2）随着经济发展水平的提高及第三产业的快速发展，产业结构发展成为“三二一”模式，整个劳动力市场对女性的需求越来越多，女性几乎与男性面临同等的市场条件。此时虽然家庭部门仍会分散女性的时间配置，但第三产业工作有弹性的工作时间和灵活的工作地点正适应了此时女性就业的特点。同时，由于女性人力资本投入不断增加，适应了劳动力市场对女性劳动力的需求。图 5-22 中女性人力资本有所提高，不过仍小于男性。由于经济发展水平的提高，女性与男性几乎面临同等的市场条件，因此，Df 与 Dm 的斜率几乎一致。图 5-22 中表明女性工资率仍小于男性工资率。

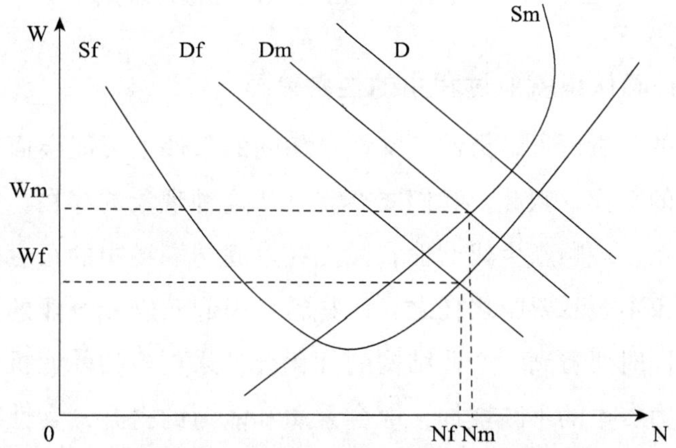

图 5-22　经济高度发展劳动力市场均衡决定

（3）进入到产业结构高级化阶段，第二、第三产业内部不断优化，特别是与低碳经济相适应的节能环保、能源技术等相关产业的大力发展，客观上带来了大量的绿色就业机会。然而，作为一种客观上要求集技术、知识、资本高度于一身的产业，对劳动力的综合素质和能力提出了更高的标准，因此，产业结构高级化发展背景下，劳动力市场又表现出对男性劳动力需求的偏好。图 5-23 中，Df 曲线比 Dm 曲线陡峭，女性工资率仍远小于男性工资率。

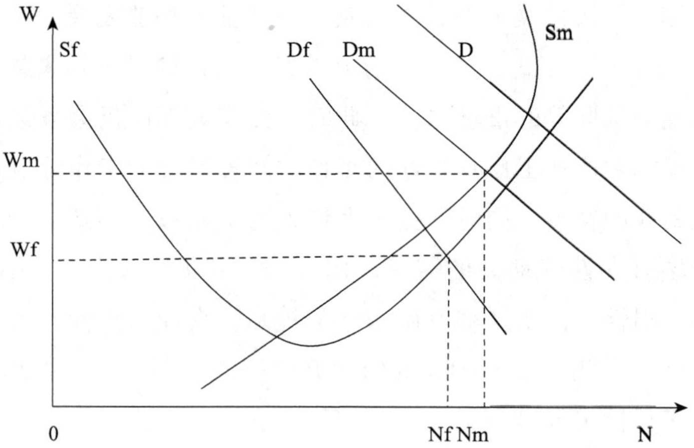

图 5-23　低碳经济转型期劳动力市场均衡决定

（三）正确认识就业过程中的性别差异

由上面的分析可见，男性、女性在相同的条件下可能会面临劳动报酬和就业机会的差异，因此，我们要客观承认这种现象的存在，正确处理两性之间的关系，理顺新生代女性农民工在家庭与职场中的角色分工。但认识到这种现象不表示要听之任之，而是希望引起政府或企业的关注，使其进行干预，同时要看到，产业结构的优化会带来更多的就业机会。随着女性劳动力人力资本的不断增加，综合素质和能力的提升，女性劳动力同样会赢得更多的就业机会。为此，对于新生代女性农民工来说，更积极的做法是通过提升其人力资本投入增加其就业竞争力，进而真正解决好她们的“高质量”就业问题。

三、适应产业结构发展构建新生代女性农民工就业竞争力

不同于就业能力，就业竞争力是一个动态的概念，也是一个能够适应形势发展变化，旨在培养包括职业技能和综合能力在内的更广泛内容的概念。新生代女性农民工从自己掌握的资源、自身具备条件与禀赋等方面看均处于劣势，被称为弱势群体中的弱势，正因为如此，才更应该让其树立构建就业竞争力的理念，让她们通过竞争力的培养有机会获得专业技能，

有能力适应环境和经济形势的变化。结合就业竞争力理论的综述及前面几个代表区域新生代女性农民工就业及就业竞争力问题调研分析，我们认为，就业竞争力是一种包括职业技能和专业知识、综合素质和能力、潜在能力及性别意识等在内的综合能力的范畴。唯有注意在经济发展过程中、产业结构调整背景下构建新生代女性农民工的就业竞争力，才可能使劳动力的供给更好地适应产业需求、行业需求，达到事半功倍的效果。

要顺应产业结构优化升级趋势构建新生代女性农民工就业竞争力，原因在于：一是产业结构的优化升级决定着新生代女性农民工的行业选择。例如：李志伟、仉媛（2015）通过对北京市三次产业结构偏离度分析，指出第一产业剩余劳动力多；第二产业对劳动力的吸纳能力尚有一定空间，但由于资本密集型企业的增多，该吸纳能力仍有限；与此同时，第三产业则具有较强的吸纳能力。对于北京从业的新生代女性农民工而言，主要应该在第二产业，特别是第三产业寻求自己的就业岗位。二是产业结构的优化升级影响着新生代女性农民工就业的空间定位[①]。仍然以北京为例，作为我国的首都，2014 年，北京进一步明确了全国政治中心、文化中心、国际交往中心、科技创新中心的功能定位，为促进京津冀一体化发展，进一步优化北京的产业结构，将其制造业、汽车、石化、劳动密集型商业等进行外迁。而这些行业恰恰是吸纳农民工较多的行业，尤其是制造业和诸如北京动批、大红门批发市场等劳动密集型商业吸引更多的是新生代女性农民工，因此，这一举措必将影响着这些人重新进行行业或就业区域的重新选择。三是产业结构的优化升级提升了新生代女性农民工的就业层次。产业结构的优化升级最终将有助于就业结构的优化，客观上需要新生代女性农民工重新审视自己的能力及市场对农民工群体就业能力的需求，不断提高自己的核心能力，从而促使就业层次提升，反过来，有利于产业结构的

① 李志伟，仉媛．北京市三次产业结构与就业结构关系及影响机制研究［J］．中国劳动关系学院学报，2015，（4）．

进一步优化①。

四、从人力资本投入出发开展对新生代女性农民工的多元化培训

舒尔茨（1990）认为，人力资本是由人们通过自身的投资形成的有用的能力所组成，体现于人们自身的知识、能力和健康的总和。王竹林和范维（2015）指出从人力资本角度看，能力一般包括体能、智能和技能等多方面，而人力资本在劳动者身上体现出来的智能、体能和技能等综合能力，这些“能力束”在竞争的环境中能够有助于主体形成应对竞争、克服经济非均衡、获得劳动收益的经济能力。为获得这些“能力束”，应该加强对新生代女性农民工的职业培训，而且是应该包括职业技能与知识在内，同时包含综合能力要素、潜在能力要素及性别意识等在内的多元化培训体系。

① 国晓丽．适应产业结构发展的新生代女性农民工就业竞争力构建研究［J］．企业改革与管理，2015（6）．

第六章　国外典型经验的借鉴与启示

第一节　德国职业教育模式的启示

德国教育体系非常完备，其中义务教育共12年。通常从6岁开始进入全日制义务小学，小学上6年，前4年相当于我国的初小，后2年相当于我国的高小，即接受2年的定向教育后，学生和家长共同决定下一步的教育形式。学生在12岁时结合教师的建议，按照各自的志愿分别进入技术中学、普通中学、完全中学或语法学校学习，进入中等教育体系。3年后，开始第二次教育分流，无论是毕业于哪所初中的学生，都可进入双元制职业学校、普通职校或普通高中，学制3年，至此，12年义务教育结束（见表6-1）。在中等教育完成以后，学生还可根据自己的兴趣、成绩与志愿，选择就读大学或者职业继续教育继续深造①。

其中，职业教育在德国整个教育体系中占有重要的位置，是学生升学就业的主渠道。双元制职业教育模式是德国职业教育最基本的形式，也是德国职业教育的核心，培养了一批批大量高素质的产业技术工人。因此，德国双元制职业教育被认为是德国战后经济腾飞的秘密武器。

① 辛斐斐．德国职业教育财政政策述评及对我国的启示［J］．外国中小学教育，2010（1）．

表 6-1　德国教育体系

<table>
<tr><td rowspan="19">12年义务教育</td><td>年 龄</td><td colspan="5">教育体制</td><td colspan="2">教育层次</td></tr>
<tr><td rowspan="2"></td><td colspan="5">科学研究：继续教育及培训</td><td colspan="2" rowspan="3">高等教育</td></tr>
<tr><td colspan="3" rowspan="2">职业继续教育</td><td colspan="2" rowspan="2">大学</td></tr>
<tr><td>18</td></tr>
<tr><td>17</td><td colspan="2" rowspan="3">双元制职业学校</td><td rowspan="3">普通职校</td><td colspan="2" rowspan="3">普通高中</td><td rowspan="3">第二阶段</td><td rowspan="6">中等教育</td></tr>
<tr><td>16</td></tr>
<tr><td>15</td></tr>
<tr><td>14</td><td rowspan="9">特殊学校</td><td rowspan="3">技术中学</td><td rowspan="3">普通中学</td><td rowspan="3">完全中学</td><td rowspan="3">语法学校</td><td rowspan="3">第一阶段</td></tr>
<tr><td>13</td></tr>
<tr><td>12</td></tr>
<tr><td>11</td><td colspan="4" rowspan="2">小学（定向阶段）</td><td colspan="2" rowspan="6">初等教育</td></tr>
<tr><td>10</td></tr>
<tr><td>9</td><td colspan="4" rowspan="4">小学</td></tr>
<tr><td>8</td></tr>
<tr><td>7</td></tr>
<tr><td>6</td></tr>
<tr><td>5</td><td rowspan="3">特殊幼儿园</td><td colspan="4" rowspan="3">幼儿园</td><td colspan="2" rowspan="3">幼儿教育</td></tr>
<tr><td>4</td></tr>
<tr><td>3</td></tr>
</table>

资料来源：辛斐斐．德国职业教育财政政策述评及对我国的启示［J］．外国中小学教育，2010（1）．

一、德国双元制职业教育的含义

“双元制”起源于学徒制，学徒一方面要在车间里跟着师傅学习实用技术，另一方面还要在学校学习专业理论知识。1938 年，德国《帝国学校义务教育法》把职业学校教育明确界定为义务教育范畴。随着以工作岗位、实训工厂及跨企业培训场所为依托的企业实训培训体系的建立与逐步完善，整个职业教育分两个地点进行，即企业和职业学校，从而形成了“双元制”。1969 年，《联邦职业教育法》颁布，进一步巩固了“双元制”的职教地位。双元制职业教育要求学习者与符合组织职业教育法定条件的企业签订职业教育合同，该合同根据所学职业的不同有所差异，通常为两年半到三年的时间。

“双元制”职业教育模式，是指接受职业教育的学生一方面要在企业里学习职业实践知识，培养从业能力；另一方面，要在公立的职业学校接受文化知识和专门的职业理论教育。学生在企业与学校的时间比例通常是4∶1，职业学校是不脱产的、非全日制学校，培训的内容结合企业、车间、岗位的实际情况，在《职业教育条例》明确规定教育框架、教学计划等基本要求的基础上，由企业与培训教师共同商定，针对企业的需要来培训学生。通常培训以一周为单元，学生2天在职业学校学习，3天在企业培训。培训一般包括基础培训和专业培训两个阶段，第一年是基础教育阶段，重点培训某行业和岗位的基本知识和技能；第二阶段培训该专业的知识和技能。整个培训中既要培训专业能力，更要培训学习方法和社会能力。该模式的双元性主要体现在：“两个教育体——企业与职业学校；受训者的双重身份——学生与学徒；两种法律依据——职业教育法与学校法；两个主管单位——联邦政府与州文教部；两类课程——理论课与实训课；两类教师——实训教师与理论教师；两类考试——技能考试和资格考试；两种证书——培训证书和毕业证书”①。

二、德国双元制职业教育的特点

（一）有完备的法律保障

德国是目前世界上职教法制最健全的国家，在其职业教育改革与发展过程中都伴有明确的法律法规。早在19世纪，德国就有关于职业学校入学的条件、学校的义务、工种的学科设置、师资培训、具体培训方法等内容的法令。进入20世纪，相关法律更细化。其中，1969年颁布的《联邦职业教育法》，是当时联邦德国职业教育领域最权威的法规，对德国的企业职业培训进行了统一规定，主要有职业训练内容、方法与期限，培训企业

① 吴新武．高职院校产学研合作研究综述［J］．金华职业技术学院学报，2004（12）．

和受培训者的关系及二者的权利、义务，实施培训的监督、考试等内容，规范了德国职业教育的质量要求与标准。之后，德国又相继出台了《企业基本章程法》《手工业条例》《劳动促进法》《青年劳动保护法》和《关于工商业协会权利的暂行规定的法规》等法律法规①。这些法律法规确保了德国职业教育体系的制度化、规范化，确保了双元制职业教育人才培养模式的顺利实施。

（二）政企校合作、多方协调配合的有效模式

德国双元制职业教育模式是由私人企业和公办职业学校合作开展实施的，但实际上是一种自上而下的垂直管理模式，其主体是政企校等多元参与，是由政府、企业、企业培训中心、职业学校、行业协会、联邦职业教育研究所，甚至包括学生和家长共同配合、合作完成的教育培训。其中，政府扮演着调控师和领航员的角色，通过制定相应的法律法规来明确学校和企业的教育任务与规范，同时对学校和企业的教育行为进行监督，还要对企业和学校进行一定的资金支持或补贴，除给予政策和资金的支持，同时探讨多元投资机制促进双元制职业教育能够顺利实施。企业是主导者，是教育的直接参与者和投资者，更是职业教育成果的直接享用者。职业学校是职业教育的主要实施者，且大多数为公立学校，当地政府为其筹备师资和拨款，不过职业学校所教授的职业课程都由企业决定。工商行会及手工业协会等行业协会的功能主要是对企业培训资质监督和提供考核评价服务。联邦职业教育研究所作为专门的管理机构负责研究制定职业教育标准，保障培训标准的统一。职业教育的受训者既是学生身份，也是企业的员工身份。企业与其签订用工合同之后，对其进行企业内的培训或将其送到相应的企业培训中心和职业学校，企业承担学生的学费，并为其支付一定比例的工资。

（三）企业是双元制职业教育的主导者与核心

在双元制职业教育中，企业是双元制职业教育的主导者与核心，为学

---

① 魏晓锋，张敏珠，顾月琴．德国“双元制”职业教育模式的特点及启示［J］．国家教育行政学院学报，2010（1）．

生提供培训车间、工作岗位、设备和原材料，安排培训计划，除承担学生的学费并支付其一定的工资外，还承担培训师傅的工资、设备、原材料等费用。企业作为专业委员会的成员，参加整个教学计划的制定、实施、检查和调整过程，并且根据企业的具体需要对学生进行培训。本身不具备向学生传授某些岗位知识和技能条件的企业，通过设立专门的培训基地和车间或借助其他企业代培训参与岗位外的培训。

（四）职业教育适应市场需求和产业导向

德国各专业的职业教育都有全国统一的教学大纲，但只要符合教学大纲的难易程度，学校和企业就可以市场为导向，灵活设置课程，力图把最新工艺、新方法、新技术及时纳入培训计划，以便适应经济和产业结构的发展变化。德国职业教育研究所作为专门的管理机构负责跟踪形势变化，并公布人才市场需求信息，及时反映社会对技术工人的岗位需求变化，以促使相应人才的供给及时到位。因此，即使在20世纪七八十年代，德国社会培训需求急剧变化之际，企业所提供的培训岗位与申请培训的人数也能大体相当。尽管期间偶有经济困难发生，但由企业提供的培训岗位几乎与社会对培训岗位的需求同步变化。例如：1976年德国社会培训岗位的需求是52.3万个，1984年却猛增到74.6万个，之后持续下降，1990年下降到55.9万个。相应的，1976年，德国社会上仅有51.4万个培训岗位，1984年迅速增加到72.7万个；之后当社会需求下降时，培训岗位也相应地下降，1990年下降到65.9万个①。

（五）注重学生关键能力的培养

20世纪80年代，德国形成了以关键能力为核心的职业行动能力的概念，于1987年写入了德国职业培训条例中。以关键能力为核心的职业行动能力包括专业能力、方法能力和社会能力，具备这三项能力，能够系统、综合地学习并掌握专业知识与技能；掌握并具有自我学习、处理和解决问题的方法与能力，以适应不断变化的需求；具有与人交往和合作的能力及责任意识

① 石伟平．比较职业技术教育［M］．上海：华东师范大学出版社，2001.

和组织纪律性等。总之，关键能力是一种超出具体的专业能力以外的综合素质和综合能力。若从业者具备了这种能力，并内化为自身的基本素质，一旦职业发展变化或劳动组织形式发生变化，就能从容地在变化的环境中重新获取未来的职业技能和知识，比较顺畅地实现可持续性的自我发展。

三、德国双元制职业教育的启示

德国双元制职业教育是针对15~17岁左右的年轻人开展的，许多好的经验对于我国新生代农民工或新生代女性农民工进行职业教育与培训有重要的借鉴作用。

（一）完善和细化相应的法律法规

德国双元制职业教育的成功，首先在于其完备的法律法规，使得职业教育具有符合规范化和法治化的标准。我国1996年实施的《中华人民共和国职业教育法》，相比而言，起步较晚，此外更重要的是该法律仍以宏观要求为主，缺乏刚性、具体可操作性强的规定，而且我国的《职业教育法》只有40条，不能涵盖职业教育的方方面面。因此，应完善我国《职业教育法》及配套的法律法规，以法律的形式明确学校、企业和政府在实施职业教育中的责任和义务，建立一套包括立法、司法、行政、社会监督在内的职业教育实施监督体系。建议能够出台针对新生代农民工及新生代女性农民工培训或职业教育的相关法律，并使有关法律法规真正落到实处，促进职业教育与培训的真正实施并起到良好的成效。

（二）健全政府决策能力、经济职能与激励机制，强化政府角色有所为

德国双元制职业教育的成功自然离不开企业的主导，但同样离不开政府的积极所为。为此，要借鉴德国的经验，健全我国政府决策能力、经济职能与激励机制。

德国成立了联邦一级的职业教育行政管理机构——职业教育研究所，以确保双元制职业教育人才培养模式顺利实施。职业教育研究所的职能包

括参与决策、政策咨询、质量监督、组织协调、职业教育研究等。这一机构的设立，一方面，充分发挥着政府的集中统一领导与决策的职能；另一方面，作为专门机构，在协调各个相关部门协同工作方面发挥着较高的效率，避免了职能交叉与推诿、政出多头、资源浪费等问题。德国的职业教育研究所能够将教育制度和劳动制度统一起来，发挥很好的指导作用。能够对所有与职业教育有关资源的各种职能进行协调和统一，例如：企业行业协会、各专业委办局、劳动和社会保障部门、教育行政部门等，促进资源的有效配置。我国也应该针对职业教育与培训设置专门的机构进行统一管理，并且通过法律法规的形式确立其法律地位。

当然在经费方面，德国的企业自觉承担了很多，但德国政府在支持职业教育方面同样给予了充分的资金支持或补贴，才能使得职业教育各方有能力和积极参与其中。我国对此需要加大投入的力度，并提高投入财政资金的效益，使得财政拨款真正发挥支持职业教育发展的作用，用职业教育与培训的结果或效果作为重要的拨款的依据。比如：对于真正参与的企业的资金支持，以重视实践并与实际需求匹配的培育学生的职业学校为重点拨款学校。另外，要进行资金支持的多元化，可以增加财政和金融手段。例如：财政税收方面，对进行真正意义的职业教育或培训的企业或职业学校实施税收优惠政策，如减免税优惠、税收扣除或税收抵免、增值税采用最低档税率或视同小规模纳税人税率等手段。例如：财政支出方面，以结果或效果为依据，对于进行真正意义的职业教育或培训的企业或职业，学校通过财政转移支付制度进行一定的政策倾斜，或直接给予一定的财政补贴，也可以结合金融手段出台财政贴息的相关政策。比如：新生代农民工就业培训财政贴息政策，或者新生代女性农民工就业培训财政贴息小额贷款政策，政府必须增强针对新生代农民工或女性农民工就业培训或为了就业的职业教育的经济上的支持，通过财政贴息方式进行支持。该财政贴息小额贷款政策的实施建议由专门成立负责职业教育或培训的管理机构负责，组织和协调包括职业学校、企业、相关职能部门、经办银行等在内的相关主体，有参加职业教育或培训意愿的新生代农民工或女性农民工可以向相关经办银行申请该无息小额贷款，额度在5万元以内，以实际的费用票据为准作为批准贷款额度的参考，通常可以略高于该培训费用放贷，偿还期限为3年左右，政府财政进行贴息。同时，对于参与职业教育或培训并取得实效，真正促成新生代农民工或女性农民工就业的企业和职业学校按人数进行一定比例的财政补贴，以示激励，并以此调动企业及职业学校的活力和积极性。

（三）产业融合与市场导向，发挥企业的主体作用与参与积极性

在德国双元制职业教育中特别注重为产业服务培养实际岗位需要的技术工人，真正让企业发挥重要的作用，切实参与培训内容与标准的制定，并切实参与到企业内的培训过程中。我国也要鼓励有岗位需求的企业，包括工业、第三产业的企业，通过专门负责职业教育或培训的管理机构发布用工需求岗位，报名的新生代农民工或女性农民工入职的前提条件是需要参加由企业自己组织的职前培训或与职业学校共同开展的职业教育或培训，通过考核的获得由专门的职业教育或培训管理机构、企业、职业学校共同印制的职业资格证书，有了这个资质才有资格入职。当然，“新人求职必须有相关的教育背景或培训经历才能入职”这样的要求如果真正落实，也需要从国家层面进行引导和重视，明确写入相关的法律法规中。例如：德国的《职业教育法》规定，18岁以下的青年必须接受高中或职业教育，各州据此制定具体法律法规，原则是未参加职业培训就不允许就业，这样就保证了劳动力水平的提高。由于严格执行《职业教育法》，德国企业中未受过职业教育的工作者仅为3%，而法国和英国分别为19%和42%①。这样可以招到企业真正需要的合格的人才，并且缩短求职者与企业之间、与岗位之间磨合的时间，提高求职者对企业、对岗位的认同度及技能熟练度等，也使求职者更具有企业忠诚度。即使求职者考核没通过或者即便通过没有入职工作，这样的培训经历对于其到同行其他单位求职也具备相同的教育经历背景。

① 普锋．德国职业教育的经验与启示［J］．济源职业技术学院学报，2010（4）．

（四）重视关键能力的培养，提高新生代农民工的就业竞争力

德国双元制职业教育在实施过程中特别注重关键能力的培养。除了专业能力，在大纲制定、课程设置、培训内容、授课方法等诸多方面贯穿培养学生的方法能力、社会能力。新生代农民工或女性农民工虽然在城市总体上处于“弱势地位”，但由于种种因素，他们或她们的文化水平或学历水平偏低，但不代表他们或她们的智商或能力低，因此，对于这样的“弱势人群”的职业教育或培训一方面要突出职业能力的专用性、实用性，同时也不能短视，需要什么技能就培训什么技能。除此之外，还要借鉴德国双元制职业教育的方法与经验，增加对其进行方法能力、社会能力等方面的培养和训练，让他们或她们有机会在短期就业。同时，在长期看来，通过能力的培养打开自己的职业视野或者遇到环境变化、职业变化或岗位变化的时候，有能力接受这种改变并尽快做出调整，缩短其就业搜寻的时间，尽快找到新的工作机会。这样的职业教育和培训才是可持续的，因此本书针对“新生代女性农民工”这个传统上认为“弱势中的弱势”的人群，提出要构建她们的就业竞争力，是避免这个人群由于出身、资源禀赋缺乏等因素造成的“弱势”成为其一生的“身份的弱势”，新生代女性农民工同样也需要构建就业竞争力去较好地适应社会经济的发展、产业结构的优化，让她们有更多机会通过努力成为就业大军中具有一定主动权的一分子。德国双元制职业教育中的关键能力，则为本研究中的就业竞争力的构建提供了较有说服力的素材。

当然本研究的主旨在于借鉴德国双元制职业教育中成功的经验和做法，并为我所用，同时也要考虑到适用性问题。例如：何杨勇（2017）就德国双元制职业教育中的性别公平问题进行了探讨，提到女性在职业领域或岗位的选择、在工作观念等方面会遭受歧视和不公。但同时提到在服务业中双元制新学徒比例的增加，对女性而言是有利的，2008—2011 年，服务业双元制新学徒中女性比例一直都在 60% 以上[①]。KUPEER（2010）也

① 何杨勇．德国双元制职业教育发展中的公平问题［J］．高等教育研究，2017（3）．

指出，在非技能岗位中，在担任高级管理职位方面，女生拥有相对优势，因为这些职位要求至少具备高级中学文凭，而女生在中学毕业文凭的获得方面往往好于男生[①]。这些对于新生代女性农民工的性别视角就业问题及竞争力构建的研究都有参考价值，比如：发挥新生代女性农民工在服务业中就业或在非技能岗位表现出来的管理方面的比较优势去进行引导与培训等。

第二节　英国青年就业新政政策的启示

一、英国青年就业新政政策的推出

英国青年就业新政政策是英国布莱尔工党政府1997年执政后实施的就业新政项目中最重要的一项政策，旨在降低社会失业率，提高青年就业水平。

20世纪90年代中后期，英国逐渐出现了一些较严重的社会问题，社会不平等现象越发严重，贫困人口迅速上升，失业率大幅提高。甚至在当时，青年人口失业率已高达总人口失业率的两倍，达到了国际警戒线。而且由于青年人口高涨的失业率引发了许多社会经济问题，因此，1997年布莱尔工党政府上台执政后首要解决的最严峻问题就是青年人口失业问题。随即，布莱尔提出了“工作福利”的战略，改变了过去那种单纯、消极的、不产生任何经济效益却只构成沉重财政负担的失业福利政策。“工作福利”旨在通过工作来享受社会福利，通过国家的投资来提高失业者的受教育水平和受培训水平，以便促使他们更顺利地就业。“工作福利”计划包括青年就业新政、技能战略、技能白皮书、工作税额减免或补贴、国家最低工资标准等一系列就业政策，其中，以青年就业新政最具代表性。1998年1月，青年就业新政政策正式开始实行。

---

① KUPEER A. The Socio-political Significance of Changes to the Vocational Education System in Germany [J]. British Journal of Sociology of Education, 2010 (1).

二、英国青年就业新政政策的内容

青年就业新政政策是一项政府推出的强制性政策，其目标对象是已连续申领失业补助金6个月或更长时间、年龄在18~24周岁的青年人，符合条件的青年人必须参加该就业新政，不然将不能再申领失业补助金。该政策由中央政府下设的就业服务局直接领导、统一规划、负责落实，各地方政府、志愿者团体、企业组织及其培训机构、大学及技术学校、私立的培训机构等都是地方合作伙伴，所有这些机构都奔着同一目标努力，即帮助失业的青年人就业或提升他们的雇佣能力，甚至帮助他们进行创业。

英国青年就业新政政策的内容包括3个阶段，分别是："进入"阶段、"选择"阶段、"后续"阶段。

（一）第一阶段："进入"阶段

这一阶段主要为失业青年提供寻找工作和基本技能的个性化支持，培训内容范围较广，包括具体的阅读写作能力、计算能力，心理调适、自信心重建，求职指导、职业发展等，通常是4个月的期限。年龄在18~24周岁之间、已连续申领失业补助金6个月或更长时间的失业青年必须到就业中心登记，就业中心将会为每位失业者安排一位个人顾问。他们根据失业者需求具体提供基本的写作或计算机能力培训，或提供求职咨询、心理咨询、职业发展指导、就业的技巧准备，包括如何写求职信或面试等帮助，并与失业者共同形成新政行动计划，直到失业者重新就业，离开"青年就业新政"计划。这一阶段失业者可继续领取失业补助金，并且所有的培训费、咨询费都由政府提供。4个月后，如果失业青年未能找到工作，就进入第二阶段。

（二）第二阶段："选择"阶段

进入第二阶段，每位失业青年将面临四种选择，分别是补助性就业或创业、全日制的教育和培训、志愿服务工作和政府提供的环保工作。

1. 选择补助性就业或创业

若失业青年选择补助性就业，政府负责联系企业，为他们提供工作岗位及相关福利待遇。为了更好地适应工作要求，失业青年要同时执行其个人顾问为他制订的每周至少一天的私人培训计划。这一私人定制培训计划提供的培训一般要优于雇主为雇员提供的培训，时间至少每周一天，可分散或集中时间进行。补助性就业期限为六个月，这期间失业青年领取的是雇主的工资，不再领取失业补助金。同时，政府对雇主进行一定的补助，补助标准包括：雇主为失业青年支付的工资补助，每安置一人提供每周 60 镑的工资补助；培训费补助和对雇主可能造成的损失的补助，每安置一人提供 750 镑补助。

若失业青年选择创业，其个人顾问和地方就业服务局将帮助其制订创业计划，期限为 1~6 个月，根据具体情况资助金额不等的创业保证金。期间失业者可领取失业补助金，期限结束，就业服务局和个人顾问会对其创业项目进行考核，考核通过视为成功就业，不再领取失业补助，并脱离“青年就业新政”计划。反之则进入第三阶段。

2. 选择进行全日制的教育和培训

缺乏实务工作技能或技能过时的失业青年，通常选择进行全日制的教育和培训，力争达到国家二级职业技能或与之对等的水平，以便提高雇佣价值。期限为一个月到一年之间，时间不等，费用由政府承担。期间个人顾问进行跟踪指导，培训机构负责考核并协助寻找工作。在此期间，失业青年可以领取与失业补助相当的政府补贴及培训补贴和交通费补贴。期限结束，若失业者仍未能找到工作，则进入第三阶段。

3. 选择去志愿部门工作

为了重建工作信心，在积累工作经验的同时，找到自己对社区和社会的价值，培养责任意识，部分失业青年选择到社区的服务机构和设施做志愿服务工作。工作期限至少是 13 周，还可再延长 1~13 周不等，失业青年可选择领取工资，或领取与失业补助相当的政府补贴及培训补贴与交通费补贴。个人顾问仍将进行一定的指导。期限结束后，若失业青年被社区辞退或自己选择离开，也将进入第三阶段。

4. 选择参加政府提供的环保工作

同样是通过有效的工作安排重获信心，开辟新的就业前景，认识到自己的价值所在，部分失业青年选择参加政府提供的环保工作，包括对各类动植物栖息地和各类历史文化遗迹的恢复、维护保养、开发利用等。期限至少 13 周，可再延长 1~13 周不等。失业青年可选择领工资，也可选择领取与失业补助相当的政府补贴及培训补贴与交通费补贴。个人顾问依然跟进、提供很少的培训。期限结束后，失业青年被辞或自己离开，也就进入第三阶段。

（三）第三阶段："后续"阶段

这一阶段为期 4 个月，失业青年可申领失业补助金，个人顾问为其提供咨询与建议服务方面的少量培训，失业青年继续寻找工作。4 个月期限结束，若未能就业，他们又具备领取失业补助金的条件，当领取时间达到 6 个月时，失业青年必须再次进入"青年就业新政"计划的第一阶段。

三、英国青年就业新政政策的特点

（一）政府高度重视，财政支持到位、政策设计系统全面

为了缓解和解决失业率过高的问题，英国政府出台了"福利工作"的施政方针，该制度设计科学而全面，由一系列政策措施组成，英国有一套统一的、普惠性的就业福利国家标准，并由此创建出国家就业福利框架。足以看到政府的重视程度，并且对于符合政策条件的失业青年，政府要求强制参加，帮助其解决就业问题。

此外，政府对于失业青年给予失业补助金的资金支持，也给予相关企业相应的财政补贴，并且财政支持纳入预算，对该项政策的实施提供了有力的保障。

（二）注重提升失业青年的可雇佣能力

英国工党青年就业新政政策的理论基础是实行积极的、供给面管理主导的劳动力市场政策；认识到未来充分就业的主要障碍是技能和可雇佣能

力不足，而非来自于岗位缺乏，对此，青年新政提供了从供给面系统提升失业人员可雇佣能力的制度安排。包括求职技能援助；工作动力援助；求职基本技巧，如自我展示、团队工作；全日制教育与培训；工资补贴，以鼓励雇主提供工作岗位；个人顾问自由裁量基金；工作经历；自我就业支持；职业发展指导等①。

（三）可雇佣能力培养过程中突出技能的作用与市场导向

在青年就业新政基础上，作为“福利工作”的重要组成部分，2003年，工党政府又推出旨在为在岗劳动者提升就业能力的政策——“技能战略”，即促进包括青年在内的劳动者技能的持续提升，把知识和技能作为关键因素。“技能战略”的核心内容在于，一是以市场需求为导向，即把雇主需要放在首位；二是为学习者提供支持。对那些最需要额外技能的劳动者，特别是青年，提供学习的机会，支持他们获得更先进的技术、手艺和相关职业资格；三是大学和培训机构的教育或培训也以市场需求为导向；四是强调政府部门的联合行动。2015年，作为“技能战略”的细化与深化，政府进一步推出“技能白皮书”，强调技能培训围绕雇主和学习者的需要进行，最终使英国成为世界级技能领导者。2008年，英国政府成立了“英国就业与技能委员会”决策咨询机构，设立的目的在于从国家层面进一步突出通过技能的培养实现劳动者尤其是青年人可持续就业的战略。

（四）为参与者提供一对一的就业咨询与指导服务

新政设计了入门、选项和后续三个阶段。每个阶段的内容满足不同参与者的个性化需要，并且在选项阶段提供了旨在帮助参与者提高技能、丰富资历、积累经验及培养职业品格的四种选择。同时，每个阶段都为参与者安排了个人顾问，为其就业找工作进行全方位、专业化、个性化的指导与服务。

---

① 罗恩立．英国青年就业新政的政策路径、制度设计及对我国的启示——以提升可雇佣能力为导向［J］．兰州学刊，2010（1）．

（五）各相关主体形成了融洽的多方伙伴关系

英国在其统一的、普惠性的就业福利国家标准框架下，授权地方行使一定的权限，充分体现地方的灵活性，激发地方的积极性。青年就业新政以签约项目的形式开展，具体由当地就业服务部门牵头，组成一个由当地雇主、政府、培训提供者、工作中心、环境小组和志愿者部门构成的项目，通过这种伙伴关系进行运作。该政策要求符合条件的人必须参加，固然这是一种强制性要求，但在政府的主导下，各职能部门、各相关主体的协同配合才使得政策获得了良好的成效。

四、英国青年就业新政政策的启示

英国青年就业新政实现了就业促进由需求管理向供给面管理的战略转型，其经验与成功做法对于新生代农民工就业问题的解决提供了一些思路。

（一）充分发挥政府的主导作用，加大政策和财政支持力度

我国新生代女性农民工在社会经济发展中是不容忽视的一个群体，目前其就业更多的是个人的事情，但毕竟在一些制度障碍、资源获得等方面，她们确实不具有优势，因此，借鉴英国的做法，国家出台专门针对她们特点的就业支持政策或教育培训促进就业的政策就显得尤为必要。一方面，从国家顶层设计出台相关的政策；另一方面，加大财政投入的力度，将其纳入预算。

（二）增强新生代女性农民工的综合能力培训，提升就业竞争力

单纯就岗位进行狭隘的技能培训不能适应未来经济形势的变化、产业结构的优化及环境的变化，只有面向综合能力的职业培训、旨在提升就业竞争力的做法才可能是可持续的、关乎长久的，而且从经济投入角度来说也是最经济的。英国青年就业新政关于提升失业人员可雇佣能力的制度安排包括求职技能援助、工作动力援助、求职基本技巧、全日制教育与培训、工资补贴、个人顾问自由裁量基金、工作经历、自我就业支持、职业发展指导等均对新生代女性农民工就业培训与竞争力的构建具有较强的借鉴作用。

（三）新生代女性农民工就业竞争力构建要以市场与产业需求为导向

以英国为代表的欧美发达国家早在20年前开始陆续出台了提升青年可雇佣能力的国家战略性政策，为青年人力资源开发和促进就业发挥了重要作用。该政策强调市场导向和产业导向，我国也应该基于市场需求及产业发展视角，针对新生代女性农民工这个青年群体出台相应的就业政策，并且从国家或地方政府层面对女性农民工就业领域与行业需求信息进行一定的指导和引导，以使她们更好地抓住现时的就业机会，促进就业。

（四）尝试个人顾问就业指导服务

英国青年就业新政项目对个人顾问有严格的资质和专业要求，充分发挥个人顾问的全过程支持和咨询服务，有针对性地增加了就业资源。我国可尝试建立类似的制度，设立这样职业咨询与服务岗位——个人就业顾问岗位，国家人力资源社会保障部可进行个人就业顾问资格证考试，取得资格证书的人具有进行职业指导与服务的资质，为新生代（女性）农民工就业给予指导。同时，整合全国及地方一级的相应就业指导中心，具有专业资质的个人就业顾问可以在全国或地方就业指导中心全职或兼职，也可以由社区一级基层工作人员兼职，对于咨询服务并成功就业的农民工按人数给予个人就业顾问一定的补贴，由财政专项拨款。各级就业指导中心均与全国负责职业教育或培训的专门机构同步联网，负责发布各行业和岗位用工需求，具体由个人就业顾问对新生代女性农民工在基本的求职技巧、用人信息、职业发展等方面给予指导。

（五）重视青年就业政策各相关主体合作伙伴关系的建立

在促进新生代农民工就业的政策制定与实施中，政府需要有系统的顶层设计和财政支持，同时也需要整合全社会资源，形成由地方政府、企业、培训组织、NGO等主体相互配合的合作伙伴关系。为此需要建立起良好合作的工作机制，同时要有效地构建相关主体参与的约束与激励机制，例如：在资金支持方面，可以探讨多元化的资金筹集和投入政策，激励民间资本的广泛参与。

第七章　构建适应产业结构发展的新生代女性农民工就业竞争力

第一节　新生代女性农民工就业竞争力要素分析

一、新生代女性农民工就业竞争力的内涵

核心竞争力（Core Competencies）最早是由美国经济学家普哈拉哈德和哈默于1990年首次提出的，是指一个企业拥有或控制的可以持续产生独特竞争优势的资源和能力。个人的核心竞争力是个人以其拥有的知识和技能为基础，在不断学习中创新，在不断创新中整合各项可供利用的资源，充分凸显资源要素的效用而使自我获得持续竞争优势的能力。借鉴以上概念及核心竞争力理论，笔者认为，新生代女性农民工就业竞争力是指作为1980年及以后出生的农村中剩余的女性劳动力通过提高综合素质、强化性别意识、进行职业教育培训与再培训掌握职业技能，在城市或农村的非农产业或行业中能够找到适合才能发挥和实现自身价值的工作岗位及具有持续学习和长期发展规划的综合能力。就业竞争力具有以下特征：

（1）动态性。就业竞争力体现的是在就业和入职过程中能够使个体获得竞争优势和价值的资本，也就是基于过去或者现有的一些能力特征，对未来在岗位上的发展前景和趋势的预估，而非仅仅着眼于现在达到的水平，反映了一种可持续发展的潜能。

（2）相对性。竞争意味着比较的存在，只有与其他对手进行比较时，

才能体现出竞争力和竞争优势，而不仅仅是一种获得、维持和再就业的能力。

（3）异质性。就业竞争力表示个体独有的、很难被对手模仿的竞争优势，就业竞争力体现的是个体与个体间的不同，新生代女性农民工就业竞争力希望反映出来的是一种比较优势和相对独特性的存在。

二、新生代女性农民工就业竞争力要素分析

根据新生代女性农民工的自身特点及劳动力市场需求状况，笔者认为，新生代女性农民工就业竞争力主要由职业技能、综合素质、社会性别意识、潜在能力四个部分构成[①]，如图 7-1 所示。

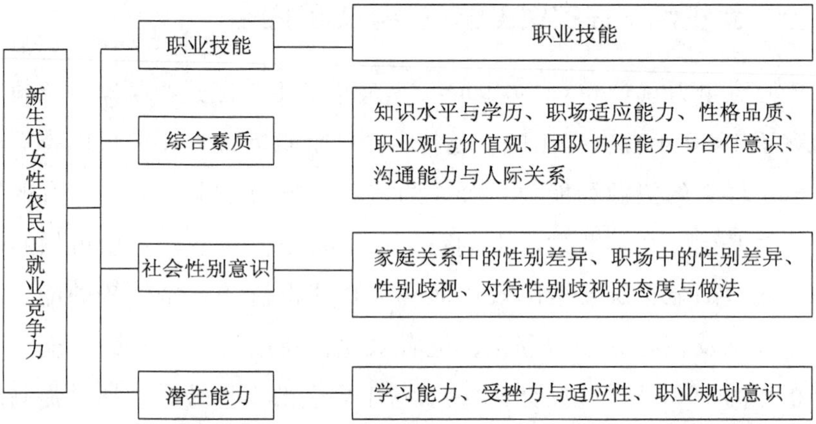

图 7-1　新生代女性农民工就业竞争力模型

（一）职业技能

职业技能是指与完成某项职业活动有关的肢体的和认知的动作体系、实践知识和经验的总和，是技能在职业活动领域的应用和体现，包括基本技能层、专业技能层和特定技能层[②]。职业技能是新生代女性农民工就业

① 国晓丽，赵淑灵．金融危机背景下女性农民工就业竞争力研究［J］．经济师，2010（2）．

② 周明星，刘晓．现代职业技能的意涵、习得及其养成——基于隐性知识学习的语境［J］．教育研究与实验，2008（3）．

竞争力的内在力，是她们从农村向城市或农村的非农产业转移过程中最为根本的要素。若不具备各行业或岗位的职业技能，很难满足行业和岗位的真实需求，也就难以真正向城市或农村的非农产业成功转移，则会造成劳动力供需不匹配、资源的浪费或闲置。

（二）综合素质

综合素质是指一个人的知识水平、道德修养以及各种能力等方面的综合素养。人的综合素质的全面提高是社会发展的一般要求和趋势，尤其是当前人类即将迈入知识经济社会，提高人的综合素质尤为迫切。提高女性农民工自身的综合素质，有助于建立正确的价值观，更好地实现其自身的价值。只有不断提高女性农民工自身的综合素质，才能更好地确立正确的人生观和价值观，有助于家庭和社会的和谐发展。女性农民工要实现自我价值，就必须注意增强社会责任感，努力为社会创造财富，不能仅仅把目光放在个人小家庭的构筑上。当其对自我的认识更加客观，对社会的看法更为全面时，就会乐于提高自己为社会劳动的觉悟和技能，为社会创造更多的物质财富和精神财富，以实现其自我价值。我们用知识水平与学历、职场适应能力、性格品质、职业观与价值观、团队协作能力与合作意识、沟通能力与人际关系六个指标具体反映综合素质。

（三）社会性别意识

社会性别意识就是自觉地从性别的角度去观察和认识社会、政治、经济、文化和环境，并对其进行性别分析和性别规划，以实现社会性别公平的观念和方法。由于传统性别观念的影响和消费文化的误导，中国社会依然存在性别意识缺失的问题。女性的角色选择、价值认同与信心确立也亟须先进性别观念的引导，人们的性别意识亟待加强。基于现有的劳动分工格局，女性农民工承担更多的再生产的活动，男性大都不承担家务劳动和某些生产劳动，使得女性农民工的压力增加。增强社会性别意识，让其认识到性别在不同行业中应有的区别，又要发挥性别优势，真正使女性农民工做到自尊、自信、自立、自强，让其在家庭与社会中的分工得以平衡。

我们用家庭关系中的性别差异、职场中的性别差异、性别歧视、对待性别歧视的态度与做法来反映社会性别意识。

（四）潜在能力

潜在能力通常是指综合素质、职业技能以外的，对女性农民工的发展起着关键性作用的能力。例如：当职业发生变更或职业环境发生变化时，她们具有一定的承受能力、学习和适应能力。新生代女性农民工的潜在能力主要用学习能力、受挫力与适应性、职业规划意识等指标加以反映。

第二节　新生代女性农民工就业竞争力的自我构建

一直以来，学者对于新生代女性农民工的关注更多是将这一群体归于“弱势中的弱势”的层面进行研究，笔者希望改变这种被动的、片面的认识，客观、全面、多元地认识她们，更多地给予她们尊严与尊重，赋予她们机会与空间，她们的就业能力和竞争力将会有更大幅度的提升。例如：在北京的调研中了解到，北京就业外来的新生代女性农民工中如保险经纪人、医药代表、环卫工人、服装厂工人、食品厂工人、饮料厂工人、自主创业者等，不乏工作业绩突出、能力不凡者。总结她们成功的经验不难发现，往往需要从以下几个方面入手构建自我的就业竞争力[①]。另外，由于就业竞争力的构建首先是新生代女性农民工这个内因发挥决定性的作用，因此，本节首先探讨的是新生代女性农民工就业竞争力的自我构建，见图7-2。

一、适应产业结构发展的需要，提高职业技能

职业技能是新生代女性农民工就业竞争力的内在力。通常会直接决定着人们的就业机会能否获得。然而，这常常是她们就业之初所欠缺的关键

① 国晓丽．适应产业结构发展的新生代女性农民工就业竞争力构建研究［J］．企业改革与管理，2015（6）．

能力。对于具备大中专及以上学历的新生代女性农民工而言，可以凭借其相应的毕业证书作为找到工作岗位的砝码。但其他人员则需要进行自我进修或政府或企业提供的培训，以便适应岗位职责的需要。

二、重视自我职业规划和上升空间

职业规划是在对个人职业生涯的主客观条件分析、研究的基础上，对其能力、经历、阅历、个性特征、不足等因素进行全面分析和权衡，结合经济社会发展形势，根据个人职业倾向，确立最佳职业奋斗目标，进而为达成这一目标做出的安排。职业规划可以使个人对自身有比较全面的了解，对自己的能力与价值有一个比较准确的评估，在明确自身优势、不足的基础上，合理地确定工作目标和发展目标。同时，职业规划能够为个人提供一个分阶段的目标，在目标细化和不断实现的过程中，鞭策和促进自我价值的实现。同时，科学合理的职业规划对激发个人的潜能也起着重要的作用，有利于引导和督促人们发挥自身最大的潜能，以实现长期的职业发展目标。

在对北京、内蒙古翁牛特旗、安徽省蒙城县的新生代女性农民工调研过程中发现，总体上她们的职业规划比较欠缺，或者虽然有初步的规划但长期规划意识不够、指导性不强，因而工作中的目标感、方向感不明确，尤其是现在有的岗位，比如：超市收银员、商场售货员等，在很大程度上是“吃青春饭”的职业，如果没有职业规划的指引，未来如何转型将会很迷茫。新生代女性农民工虽然有年龄层次、文化程度、家庭环境等诸多方面的个体差异，但如果能够充分重视自我职业规划和职业上升空间，则能够比较主动地选择自己的工作行业和地域，为了预期的上升空间不断充实和提高自己，有助于就业竞争力的持续构建。

三、强化社会性别意识和竞争意识

受传统家庭观念“女主内、男主外”的影响，女性农民工承担家务劳动成为被认为理所当然的事情，男性大都不承担家务劳动和某些生产劳动，而实际上受家庭经济条件的影响，大多女性农民工会走出家庭参加工作，则女性农民工又会承担更多的再生产的活动，使得女性农民工的压力增加。强化社会性别意识，让她们意识到不同性别在各种行业中存在着差别，以便恰当发挥其性别优势，使新生代女性农民工做到自尊、自信、自立、自强，尽可能做到在家庭与社会中的分工趋于平衡。同时，培养竞争意识，又会促使她们在工作中的付出换取相应的社会认可与回报，促进其就业能力的提高。

此外，增强社会性别意识，提高女性农民工的主体意识，要充分发挥新闻媒体的作用，强化女性农民工的主体意识，彻底消除性别歧视，实现男女平等，积极宣传健康、文明、进步的女性农民工性别意识，努力实现女性农民工自身观念的转变，发挥其性别优势，真正使女性农民工做到自尊、自信、自立、自强。政府及各非政府团体要在女性农民工中普及平等意识和开拓进取意识，增强其社会性别意识，完善女性农民工的发展环境，使得女性农民工在家庭中和社会中获得平等的地位和机会。

四、注重自主学习能力和自我提升

从对北京、内蒙古翁牛特旗、安徽省蒙城县的新生代女性农民工调研过程中同样发现，新生代女性农民工的受教育程度都比较高，三个地区具有高中及以上文化程度的人占调研样本的比例分别达 79.7%、80%、69.8%。表明新生代女性农民工具备较好的自主学习和接受新事物的条件，但有的却由于自己的价值观偏差、主观能动性不够等因素，影响其持续的自主学习能力的维持。即便出现好的工作机会可能会由于种种原因错失良机。调研中发现，三个地方都有一个共同的特点：虽然新生代女性农民工受教育程度相对比较高，尤其与老一代农民工比，但是她们拥有职业技术资格证书的比例却都不高，北京、内蒙古翁牛特旗、安徽省蒙城县三地调研样本中没有任何资格证书的比例分别是 66.6%、58%、63%。此外，她们自主学习投入的时间都不太理想，对内蒙古翁牛特旗、安徽省蒙城县的调研中发现，每周几乎没有时间学习的比例分别达到54%和59%，可见，两个县域城镇新生代女性农民工的自主学习时间投入不够。为此，客观形势要求新生代女性农民工在工作之余尽量多抽出时间，利用闲暇时间多用于自主学习和自我能力提升。唯有持续的学习，才有可能增强自身的职业技能、综合素质及潜在能力，才有可能构建出适应产业发展需要的就业竞争力。

第三节　构建“政府—社区—企业”协同作用的新生代女性农民工就业竞争力

新生代女性农民工就业竞争力的培养首先固然是其自身的事情，但就业竞争力的培养是一个系统工程，首先需要政府的顶层设计与统筹决策，更需要以政府为主，包括社区、企业等在内的多元主体的支持和配合。本节提出了发挥“政府—社区—企业”的协同作用来构建新生代女性农民工就业竞争力的理念与思路，见图7-2。

一、政府要“有所为”，充分发挥好其应有的职能

由于新生代女性农民工的就业，不仅关系到其自身的工作和生活，而且还关系到家庭的和谐稳定，关系到下一代子女的教育问题，甚至关系到整个国家的就业水平和全体国民的整体素质，因而解决好新生代女性农民工的就业问题是一件具有较强正外部性的准公共产品。因此，应该由政府来供给。何况新生代女性农民工在整个社会体系当中由于受到制度的排斥甚至性别歧视，在劳动力市场中属于“弱势群体”，更需要政府进行供给。但这并不表示政府关注新生代女性农民工就业问题就是给她们直接安排工作，而是充分发挥好应有的职能，真正做到政府“有所为”。政府职能通常体现在明确立法、政策制定、财政投入、服务供给、运行监管几个方面。

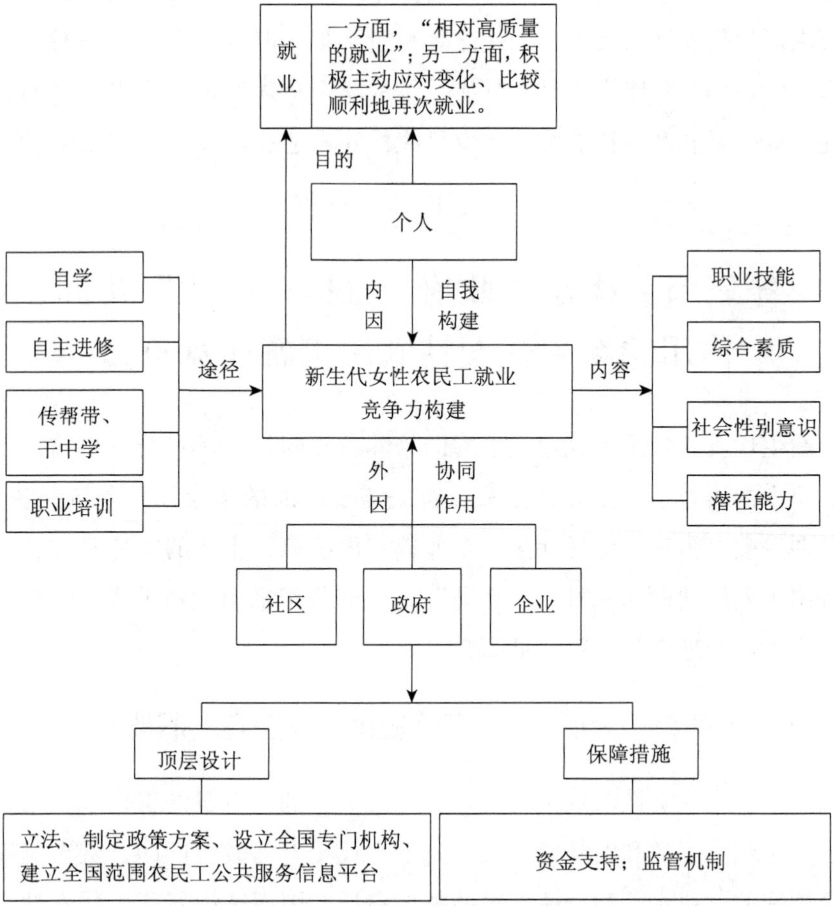

图 7-2　新生代女性农民工就业竞争力构建系统模型

如图 7-2 所示，本书建议从顶层设计和保障措施两个层面来实现其上述职能。其中，顶层设计包括立法、制定政策方案、设立全国专门机构、建立全国范围农民工公共服务信息平台，主要实现政府的立法与制定政策及公共服务的职能；保障措施主要包括资金支持和监管机制，主要实现政府的财政投入和运行监管的职能。

（一）政府要为新生代女性农民工就业竞争力构建提供制度保障

1. 政府要为新生代女性农民工的就业与培训制定专门的法律法规

我国目前虽然有《劳动合同法》，固然适用于新生代女性农民工，但其专指性不高，并且没有专门针对为解决她们就业需要提供的就业服务、就业支持的一系列制度安排或服务。有关的政策文件虽然也会涉及上述内容，但由于法律效力弱，实际执行的效果就会大打折扣。英国1998年开始实行的青年就业新政政策的一些做法可供我们借鉴，英国要求已连续申领失业补助金6个月或更长时间、年龄在18~24周岁的青年人强制性参加该政策，以解决其就业问题、缓解失业率。同时，英国青年就业新政为提升失业人员可雇佣能力提供了一系列的制度安排，包括求职技能援助、工作动力援助、求职基本技巧、全日制教育与培训、工资补贴、个人顾问自由裁量基金、工作经历、自我就业支持、职业发展指导等，均对我国新生代女性农民工就业、培训及就业竞争力的构建有很好的借鉴作用。

我国政府应该为新生代女性农民工的就业、培训与竞争力构建制定专门的法律规章，比如：为解决其就业，考虑出台《新生代女性农民工就业促进法》；为解决其培训问题，考虑出台《新生代女性农民工职业培训法》等，不断提高新生代农民工就业及培训的法律地位。同时，要确保落实好已有的法律法规。在新制定的法律中要明确各级政府、企业、个人及相关主体在就业竞争力构建中的职责、权利、义务，针对政府和企业要建立科学、有效、公开透明的考核体系和责任追究制度，明确好激励机制和权益保障机制等。

2. 各级政府部门要提高认识并广泛宣传

各级政府部门要充分认识到新生代女性农民工就业竞争力构建的重要性，而且要加大宣传力度。始终注意增强宣传意识，包括对相应的法律法规和制度政策的宣传。加大宣传一方面让全社会了解国家或地方政府的政策，有助于提高政府在百姓心中的公信力。另一方面，通过加大宣传，让全体公民重视新生代女性农民工的就业工作，特别是有助于让新生代女性农民工认识到政策的内容，提高其就业竞争力的必要性等。同时，通过宣传，起到示范效应，营造重视就业竞争力构建和重视职业培训的良好氛围，促进新生代女性农民工顺利就业或提高其参加培训的意愿。

（二）政府要成立全国范围统一管理的专门管理机构

目前我国已经十分重视新生代女性农民工的就业和培训工作。特别是相继推出了一些为农民工提供培训的项目，如“阳光工程”“雨露计划”及“春潮行动”等。这些培训项目的实施起到了一定的成绩，不过也因为是不同的部门推出的，存在各自为政、协调困难，资金分散，效率低下等问题。因此，建议成立专门负责新生代女性农民工就业、培训及就业竞争力构建的全国统一管理的专门管理机构。该机构在地方均下设机构，实行垂直管理。而且赋予该机构协调其他各职能部门统一办公、相互合作的权利，这个机构是行政机构，但更多的是服务部门。该机构的职责与权利均通过立法的形式确定下来，如包含在《新生代女性农民工就业促进法》里。当然这个机构可以是重新设立的，比如：可以考虑命名为农民工就业促进部，下面再分两个司，分别负责男性农民工和女性农民工的就业培训相关工作，在全国和地方各级层均设机构。也可以从现有的职能部门分离出来，但同样是独立的职能部门和服务机构。主要职责是专门负责新生代女性农民工就业问题、培训问题、就业竞争力构建问题及与之相关的协调、服务、咨询等方面工作，甚至包括与之有关的激励机制、权益保障职能的实施等。这样可以解决政出多门、多头管理、相互推诿或重复培训导致效率低下、资源浪费等问题。其中，服务咨询也是该专门管理机构加强的主要职责，包括对新生代女性农民工的职业规划指导、提供就业信息与咨询、求职技能支持、求职基本技巧、职业发展指导等内容。

（三）建立全国范围统一联网的农民工公共服务信息网络平台

为提供高效、便捷、有针对性的就业服务，建立全国范围统一联网的农民工公共服务信息网络平台，分别由全国及地方农民工就业促进部管理，为提高对新生代女性农民工就业的重视程度，平台也均区分为男性农民工和女性农民工提供就业服务的二级网站，彼此之间分别管理、相互配合。为确保该平台的权威性和使用效率，通过立法的形式要求所有企业发布有关农民工用工需求的信息，都必须在该就业信息服务平台进行发布，以便于集中统一地为农民工提供就业信息，求职者若有求职意向也必须在该网络平台注明意向。这样，一方面，方便供求双方通过该平台加速找工作的效率，解决信息不对称问题；另一方面，对于农民工有就业意愿但可能不具备相关技能，希望获得相关培训机会的也在网站进行标注，农民工就业促进局及地方下属机构作为服务机构，看到这些信息可以协调企业与求职者，促成对求职者的培训，或者可以联系职业学校或第三方培训机构对求职者按企业规定的要求进行培训。总之，该机构可以对各相关主体进行有针对性和有效的联系、沟通，发挥好重要的纽带作用。其中，该网站的作用、各相关主体的权利、职责、义务，以及有关激励约束机制等也都通过立法形式明确下来，如包含在《新生代女性农民工就业促进法》中，以确保网络发布信息的真实性、有效性。由于新生代农民工使用网络以及智能手机的普及，这样的手段具有较大的可行性，最终有助于实现政府、企业、新生代女性农民工各方主体“多赢”的局面。

（四）政府加大财政支持力度，多元方式提供资金支持

一方面，将支持新生代女性农民工就业、培训的资金纳入财政预算，确保资金有效到位，另一方面，政府应充分发挥财政的手段，通过财政支出与税收等手段，促进新生代女性农民工就业和竞争力的构建或职业培训。例如：首先，政府结合当地新生代女性农民工的就业特点及市场需求，围绕构建就业竞争力的要素开展短期、中期、甚至长期培训，政府应给予在培训专家库或人员及资金上的资助和支持。其次，完善地方面向新生代女性农民工的社会保险制度，并在缴费方面给予一定的财政补贴，使她们能够有能力参保、分享改革开放的红利。再次，在政府统筹安排、制度许可的情况下，对参与提供培训或吸纳新生代女性农民工就业的机构、企业或个人给予税收上的优惠，鼓励社会多方主体参与。

（五）政府重视监管的作用

关于监管的必要性，各相关主体的权利、责任、义务、约束机制等都通过立法，如在《新生代女性农民工就业促进法》中进行规定。政府要加大监管的力度，强调事前、事中和事后的全过程管理，在法律规定的前提下，确保就业甚至培训工作有序规范实施。

二、社区要充分发挥好网格化管理和协调配合的作用

要充分利用好新生代女性农民工在城市生活的社区的作用，发挥其网格化管理和协调配合的作用。社区作为基层组织单位，目前都在创新管理方式，推行网格式管理。可以比较方便地通过网格化管理将外来人口容纳进来，关注其生活需求的同时，比较容易与之取得联系，做好就业服务方面的需求信息收集、登记、政策宣传等工作，然后与社区新生代女性农民工就业促进部门取得联系，以便更好地为这些人提供生活、就业等服务，让其分享城市化的成果。

也可以借鉴英国青年就业新政政策，必要的话由社区直接提供一些岗位，增加新生代女性农民工就业的机会。

三、企业是构建新生代女性农民工就业竞争力的重要载体

（一）企业应该加大对新生代女性农民工就业培训的力度

企业是实际的用人单位，对招工要求最直接。在政府法律法规的指引下，企业要认真履行足额提取培训基金的规定，改变传统上对新生代女性农民工认识上的偏见，加大对新生代女性农民工就业的培训。

（二）充分调动企业在吸纳新生代女性农民工就业、培训等方面的积极性

由于企业在用工方面有成本方面的考虑，通常农民工就业入职时或入职前需要较多的职业技能培训，为此，需要政府提供相应的政策或激励措施，降低企业成本，提高其雇佣新生代女性农民工的积极性。这样的激励

措施也要在相应的法律，如前面提及的《新生代女性农民工就业促进法》和《新生代女性农民工职业培训法》中明确规定标准。可以考虑以提供培训并且切实入职的新生代女性农民工人数作为对企业进行激励的标准，而非只要参加培训就给予激励，以便提高激励政策的绩效。通过法律法规规范的约束和激励措施的不断运行，让企业在实际工作中逐步改变原来的“只强调用工，不愿意培养”的做法，慢慢将对新生代女性农民工的培养培训内化为企业发展的必要环节。

（三）企业加强对新生代女性农民工的职业生涯规划及管理

新生代女性农民工的职业生涯以所在企业为载体，企业帮助她们合理规划职业发展路径，加强对她们的职业生涯规划管理，不仅有利于新生代女性农民工个人的发展，也有利于企业为自己培养具有就业竞争力的员工，从而有利于企业实力的增强。企业与新生代女性农民工的职业生涯是相互作用、共同发展的关系。在就业竞争力构建和职业发展过程中，新生代女性农民工自身要积极发挥自己的主观能动作用，同时，企业也要将对其的职业生涯规划管理作为一项重要的人力资源管理工作，促进新生代女性农民工职业生涯的顺畅，实现“双赢”。

总之，要想构建与新生代女性农民工就业匹配的竞争力，需要发挥“政府—社区—企业”三方主体联动的作用，促进新生代女性农民工顺利就业、持久就业[①]。

第四节 新生代女性农民工就业竞争力构建的措施

新生代女性农民工就业竞争力的构建是一个系统工程，需要政府、社区、企业和新生代女性农民工自身等多方主体的共同努力，相互协调配合，各司其职，建立完善的就业竞争力构建的法律、制度、机制，才能确保新生

① 国晓丽. 适应产业结构发展的新生代女性农民工就业竞争力构建研究［J］. 企业改革与管理，2015（6）.

代女性民工就业竞争力的构建、实现顺利和持久就业。由于我国以往很少针对新生代农民工这个群体从人力资本投入视角去探讨其就业竞争力的问题，加上从性别视角对新生代女性农民工就业问题加以关注并重视的研究不多，因此，这个系统工程的构建应该是一个需要较长时间的过程。为此，本书提出构建新生代女性农民工就业竞争力的中长期和短期策略。

从中长期来看，基于前面两节的分析，旨在建立一个系统的新生代女性农民工就业竞争力构建模型，通过顶层设计进行立法、设立专门管理机构、建立全国统一联系的公共就业服务信息网络平台等以此建立一个新的系统的专门为新生代女性农民工服务的制度框架，进一步通过就业服务、培训等解决就业问题，即图 7-2 所示。从短期看，即针对现有的制度体系，特别是依托 2014 年启动的春潮行动方案，通过对当前各种需求的农民工进行培训，解决其当下的找工作或工作岗位上的技能提高、提升等问题，其目的是不打破现有的制度体系，在现有框架下设计对策。接下来即从中长期和短期视角讨论新生代女性农民工的就业竞争力构建的思路或措施。

一、构建新生代女性农民工就业竞争力的中长期模型与措施建议

结合图 7-2，从中长期来看，对新生代女性农民工就业竞争力构建系统模型进行解读，并给出相关建议。

（一）新生代女性农民工就业竞争力构建需要多方主体的共同作用

本书认为新生代女性农民工就业竞争力的构建需要多方主体的共同作用，包括政府、社区、企业及新生代女性农民工自身等。其中，新生代女性农民工是内因，是最根本的决定因素，因而本章第二节，对新生代女性农民工就业竞争力的自我构建进行了探讨。同时，这也离不开政府和企业等主体的共同作用，但属于外因，故本书把除新生代女性农民工自身以外的因素发挥的作用界定为协同作用。

（二）政府的角色定位要准确，既不能越位，也不能缺位

在其发挥协同作用的时候，实际是发挥政府的一个协调、服务的职

能，旨在政府职责不越位。但同时对于新生代女性农民工这个比较弱势的群体而言，政府更不能缺位。为此从顶层设计和保障措施两个层面入手试图探讨政府的职能不能缺位。其中，保障措施主要包括资金支持与监管机制。相关内容已在本章第三节有所论述。在此，本书重点探讨新生代女性农民工就业竞争力构建系统模型的顶层设计。

顶层设计是指国家或中央政府在打破现有制度体系的基础上进行的新的体系框架的建立。为此提出了几个设想：一是希望加快出台专门为新生代女性农民工就业与培训服务的法律。例如：可考虑设立《新生代女性农民工就业促进法》，旨在促进新生代女性农民工的就业。例如：可考虑设立《新生代女性农民工职业培训法》，规范和明确新生代女性农民工职业培训的法律地位。二是成立全国范围统一规范的新生代女性农民工就业与培训相关的专门管理机构，地方下设分支或部门管理机构。统一领导、协调各职能部门，负责新生代女性农民工的就业、竞争力构建、培训及相关服务、咨询、协调合作等职能，例如：成立新生代农民工就业促进部，下设 1 司、2 司，分别负责男性和女性农民工的就业、培训及就业服务、协调等职能。其职能及各主体的权责利及相关的约束和激励机制通过立法形式明确下来，比如：包含在《新生代女性农民工就业促进法》或《新生代女性农民工职业培训法》中。三是成立全国联网的全国农民工就业公共服务信息网络平台。要求所有用人单位发放的农民工的用人需求，都必须通过该信息网络平台发布。新生代女性农民工若对该工作有意向或有培训意向，也在就业服务信息网络平台发布，可以高效地解决就业市场供给需求不匹配的问题。由新生代农民工就业促进部负责统一管理，并且将相关要求，各主体的责任、权利、义务以及激励和约束机制都通过法律形式确立下来。建议包含在《新生代女性农民工就业促进法》或《新生代女性农民工职业培训法》中。劳动力需求双方若能达成一致，可以在网络平台进行约定，从而进入面试、入职的准备工作。但是必须在该网站发出具有法律效率的劳动合同表明该培训是成功的非农产业转移就业，以便进行明确对象的激励。也可以由新生代女性农民工申请求职意向，同时填写对该岗位的职业技能培训需求，即可以由劳动供需双方自行协调进行培训，也可以由新生代女性农民工就业促进部或下属机构根据需求的人数，联系培训机构组织培训。总之，希望通过顶层设计打造一个全国上下统一行动、有效管理、高效运营的新生代女性农民工就业竞争力构建的体系。当然这种设想需要较长一段时间的准备和筹划，是一个系统工程，旨在引起全国上下对新生代女性农民工就业与培训的高度重视，同时形成全国统一高效的管理系统与体系，详见图 7-3。

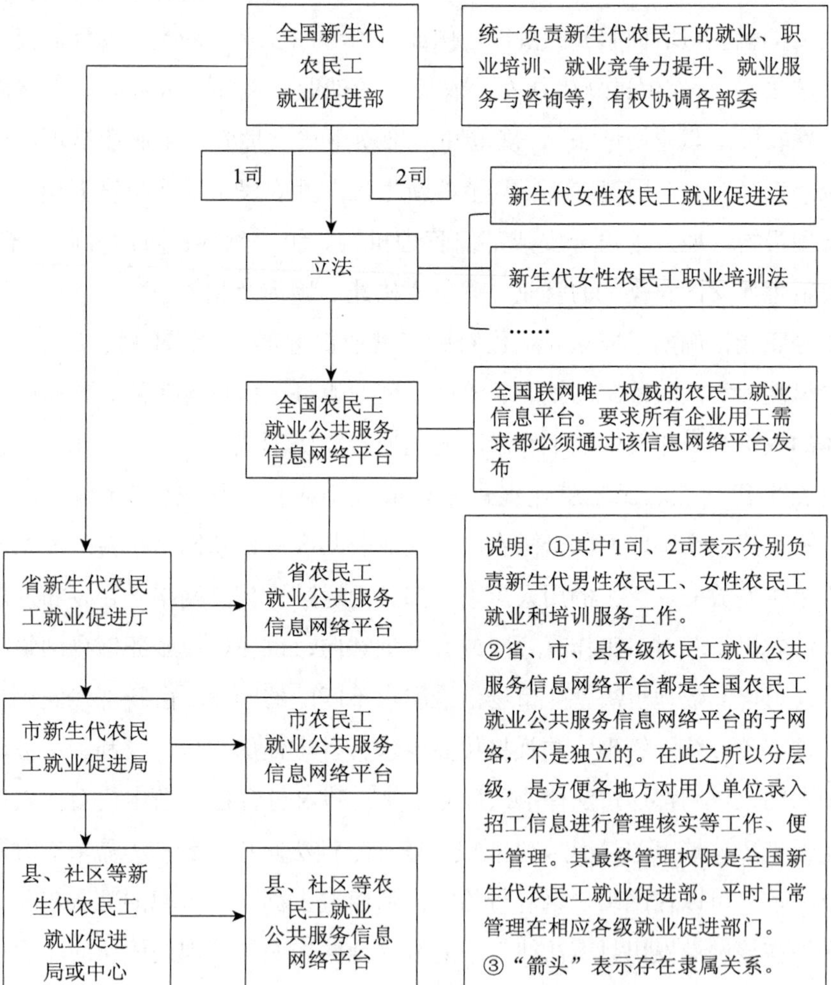

图 7-3　新生代女性农民工就业竞争力构建系统模型的顶层设计

（三）新生代女性农民工就业竞争力构建的内容、途径与目标

本章第一节已经论述，新生代女性农民工就业竞争力构建包括职业技能、综合素质、社会性别意识和潜在能力四个方面的内容。

构建竞争力的途径通常考虑到实施主体不同主要有四种方式，即新生代女性农民工的自学，新生代女性农民工的自费职业学校或电大进修，企业工作期间的“传帮带、干中学”及政府或企业或第三方培训机构提供的职业培训。

最终构建新生代女性农民工就业竞争力的目标是就业，具有两个层面的含义：一方面，促进新生代女性农民工“相对高质量的就业”；另一方面，使她们能够积极主动应对环境或经济形势的变化及工作的变迁，进而比较顺利地再次就业。

要想实现以上目标，什么途径是更适合的？这是又值得深入探讨的话题。由于新生代女性农民工就业竞争力内容的广泛和复杂性，加上新生代女性农民工就业与培训都属于准公共产品，以上四种方式中最后一种职业培训将是最为系统和值得探讨，具有广泛适应性的途径。但职业培训在我国也是一个老生常谈的术语，并不是一个新的提法，而实际当中我国职业培训的效果并不太理想，如何通过职业培训，真正构建和提升新生代女性农民工的就业竞争力实现就业的目标？需要建立起政—企—校的联动机制、解决培训内容与岗位需求的匹配度、提高培训入职率等。

二、构建新生代女性农民工就业竞争力的短期措施与建议

从短期看，构建新生代女性农民工就业竞争力，主要是依托 2014 年启动的农民工职业技能提升计划——“春潮行动”，在目前的制度体系下，认真落实其实施方案，以提升劳动者职业素质和就业创业能力为目标，到 2020 年，力争使新进入人力资源市场的农村转移就业劳动者都有机会接受一次就业技能培训；力争使企业技能岗位的农村转移就业劳动者得到一次岗位技能提升培训或高技能人才培训；力争使具备一定创业条件或已创业

的农村转移就业劳动者有机会接受创业培训[①]，进而促进农村转移就业劳动者实现就业和稳定就业。

借鉴以往“阳光工程”“雨露计划”等农民工培训项目实施过程中的经验，吸取其不足，建议采取以下措施。

（一）加大政策宣传的力度

任何好的政策都需要社会广泛的认知并落实。为此各级政府部门务必深入学习政策方案，加强政策宣传力度，使各相关主体对政策都有正确的理解和把握，同时要特别针对新生代女性农民工群体加大宣传的力度。各级政府都在推行数字化办公手段，所以基本都具备多种现代化方式的办公条件，要充分利用多种场合，利用地方电视媒体、广告、微信公众号等多元化的媒介面向全体公民，尤其是新生代农民工普及政策方案内容，也可以由地方政府相关部门面向新生代女性农民工开展形式灵活的活动，例如：讲座、知识竞赛活动等，通过形式多样的宣传活动，让新生代农民工更多、更准确地理解这些民生政策，促使她们真正成为政策的受益者。

（二）加强高效的组织领导

政策能否推广顺利、实施下去，与相关职能部门的负责人或领导息息相关，为此需要他们的责任意识、创新意识、开拓精神。政策下发到地方，地方如何在方案的指引下，开展适合地方经济社会发展形势，又真正有实效的工作，则是对地方政府及相关职能部门领导的一种考验。为此，要深入学习、加强领导、促进配合，提高组织领导高效率运行。

（三）确保政府财政补贴与企业培训经费的支持力度

“春潮行动”方案中对于就业技能培训、劳动预备制培训，通过政府购买服务的培训方式，对于符合条件的给予职业培训补贴、职业技能鉴定补贴和生活费补贴等形式进行支持；而对于岗位技能提升计划和高技能人才培训经费由企业职工教育经费列支，同样符合条件的也按规定给予财政

---

① 人力资源社会保障部启动农民工技能“春潮行动”［EB/OL］. http：//www. gov. cn/xinwen/2014-04/12/content_ 2657959. htm.

补贴。创业培训项目则是对符合条件的给予创业培训补贴。为此，必须加大政府财政支出和补贴的力度。同时，指导企业按法律规定的标准足额提取职工教育经费，增加企业在岗农民工培训的经费。

（四）探索与岗位需求对接、提供形式务实的职业培训

例如：2015 年内蒙古积极探索多项培训措施，通过打造培训品牌，提高培训的层次和质量；开展多种模式的培训，如订单式、定向式、定岗式培训；重视特色品牌和精品专业培训的建设，使 13 万名农牧民工接受职业技能培训[①]。

（五）加大培训项目实施监管的力度

“春潮行动”方案中提出要加强培训过程管理；建立完善农村转移劳动力培训实名制信息管理系统。这样的措施有利于确保培训过程真实、有效。建议还要明确考核标准，进而进行有力的监管，才能使培训项目发挥更好的成效。

---

① 张学博．“春潮行动”将提升 13 万农牧民工职业技能［N］. 北方新报，2015-4-2.

第八章　建立我国由政府主导的农民工职业培训体系的进一步思考

第一节　新生代农民工培训相关研究

西方国家由于其工业化、现代化以及城市化的同步推进，在其发展历程中不存在城乡二元结构，因而没有农民工这一群体，也不涉及农民工培训问题。

为提高农民工素质和就业能力，进一步促进农村劳动力向非农产业和城镇转移，2003 年农业部、劳动保障部等六部联合制定了《2003—2010 年全国农民工培训规划》，此后，关于农民工培训的相关研究如雨后春笋般多了起来。随着 2010 年中央一号文件《中共中央国务院关于加大统筹城乡发展力度进一步夯实农业农村发展基础的若干意见》中首次提到“新生代农民工”这一术语，此后人们开始倾向于新生代农民工培训的研究。在此，我们针对新生代农民工的培训进行综述。

（一）新生代农民工培训意愿的研究

谢传会（2014）对新生代农民工培训意愿高参与率低的悖论进行了分析。建议加大培训教育的宣传、拓宽培训教育经费投入渠道、以需求为导向设置培训项目、采取灵活多样的培训方法、建立人性化的培训管理方式并调动企业参与培训的热情。胡美云、曾国平（2014）对重庆市新生代农民工培训意愿进行调研后，实证分析结果表明：影响新生代农民工培训意愿的因素较多，个人、工作、生活等；具有培训经历的新生代农民工，相比没有相关培训经历的农民工，有更大的意愿继续参与培训；甚至有无培训经历与新生代农民工培训意愿的影响因素存在显著差异。为此，培训供给主体在定位培训市场的潜在客户时，应重视新生代农民工的个体差异及有无相关培训经历的重要影响。马世英、崔宏静、王天新（2014）基于我国西北少数民族地区439份外出新生代农民工的调研数据，对新生代农民工职业培训支付意愿的影响因素进行实证分析。韩娟（2017）从亚阶层、职业期待和消费认知三个角度研究新生代农民工职业培训的消费意愿，认为优势阶层新生代农民工，包括自我认为具有一技之长者、实际年收入较高者、脑力劳动者的职业培训消费意愿更强；拥有提高收入机会者的培训消费意愿更强；时间成本是影响职业培训消费意愿的一个显著性因素。

（二）新生代农民工培训模式的研究

娄玉花、徐公义（2013）提出，新生代农民工职业培训模式主要有全日制能力本位的项目化教育培训和业余网络远程教育培训。李婷（2013）把新生代农民工职业培训模式分为自发培训模式、政府主导培训模式、职业院校主导培训模式和企业主导培训模式。朱佳琪（2014）基于期望理论探讨了新生代农民工就业培训模式构建需要注意的问题。梁卓欣（2016）比较系统地设计构建了新生代农民工职业教育多元培训模式，该培训模式从理论基础、培训目标、培训内容、操作策略、实现条件、评价体系六个维度构建，同时注重新生代农民工知识、技能、智力、能力、品德、心理、情感的培养。以公需课、职业课、选修课和企本课程为培训内容；提出制定各类政策法规制度，设置专门管理机构，建立多元培训机制，采用讲练结合、实训为主教学方式，设立多种激励机制等操作策略，拓宽培训经费、师资、场地、设备等保障渠道，从培训机构、用人单位、培训对象多层面对培训效果进行考核评价，体现培训模式多元化特点①。该研究对培训体系或模式的构建具有重要的借鉴作用。此后，李海云（2017）、拉青措（2017）分别针对我国新生代农民工职业技能培训模式的构建及建筑业新生代农民工就业培训模式进行了探讨。

① 梁卓欣．新生代农民工职业教育多元培训模式构建［J］．继续教育研究，2016（8）．

（三）新生代农民工培训质量与效果的研究

周小刚（2014）指出，新生代农民工有较强烈的培训意愿，但培训满意度普遍不高，特别表现在培训时间和培训费用方面。另外，培训课程设置和培训教师水平两个因素导致培训质量不高、培训迁移效果有限。陈京（2015）对河南省191名新生代农民工的培训情况进行调查，发现新生代农民工对培训效果不太满意、个人基本情况在培训效果上有显著性差异。赵蒙成、李丹阳（2016）对SZ市新生代农民工就业质量和职业培训状况进行调研，结果显示：新生代农民工对现有职业培训满意度不高；对职业培训的认识不清；参与职业培训的次数少、时间短；认为培训内容实用性不高；感知价值会影响其职业培训支付意愿。张晓恒、朱战国、刘余和周应恒（2017）认为，中国实施的农民工职业技能培训项目取得了较好的成效。研究结果还表明，职业技能培训对具有初中及以下学历的新生代男性农民工收入的促进作用更强，因此，建议相关部门在进行新一轮职业技能培训项目设计时，应该更多关注这类群体。

（四）新生代农民工培训问题研究

赵苓妃（2011）认为，新生代农民工职业培训是指在政府引导下，由培训机构或企业对20世纪80年代后期出生的农民工进行的培训，着重知识、技能及综合素质等的提高。尹奎、王文娟、张凯丽（2014）从个体企业的微观视角出发，总结了新生代农民工在培训方面的特点，分析了企业在新生代农民工培训工作中面临的困境，包括高培训意愿与低参训率的矛盾、高素质员工需求与低组织培训热情的矛盾、重技能培训与轻能力的矛盾、素质培训多样化培训期望与单一培训现状的矛盾①，进而提出相应的对策，并进一步论证了新媒体在新生代农民工培训中的应用。勒伟（2016）提出城镇化进程中新生代农民工就业培训所存在的问题，新生代农民工自身对就业培训认知颇为狭隘；政府机构参与新生代农民工就业培

① 尹奎，王文娟，张凯丽．新生代农民工培训问题研究——基于个体企业的微观视角［J］．中国人力资源开发，2014（19）．

训机制不完善；企业开展新生代农民工就业培训不积极；培训内容及方式不符合时代需求等。魏蔚（2017）甚至针对新生代农民工的创业培训进行了探讨，指出其存在的困境与对策。

（五）新生代农民工培训需求研究

吕莉敏、马建富（2010）提出，新生代农民工青睐能提升自身职业竞争力和职业地位的培训内容，对培训时间有弹性需求，希望培训费用较低甚至免费。李群山、孙霞（2012）指出，新生代农民工对于职业培训的内容有多样化的需求，较喜欢网络教学和现场教学相结合的授课方式。王强、王树娟、娄玉花（2014）从中小企业视角在探讨其职业需求与培训意愿后发现，许多企业愿意与高职院校合作，不过由于双方缺乏合作交流的平台，不知如何与高职院校联系，而使得合作没有开展。并指出，单个中小企业，尤其是部分小企业人才需求量少，十几人甚至几个不等，对于新生代农民工的培训，即使企业有需要，高职院校也不感兴趣，不愿与之合作。建议由政府劳动部门牵头，由行业协同具体组织实施，根据本地区经济结构和大多数中小企业的人才需求，提供双方合作交流的平台①。张海枝（2014）实证分析农民工就业培训的需求和供给状况发现，新生代农民工的就业培训表现为需求不足和供给匮乏的双重特征。汪昕宇、陈雄鹰（2016）针对当前农民工培训需求与供给不匹配的问题，重点从培训方式、内容、时间、地点、费用、授课方式等方面对新生代农民工的培训需求进行了分析。接着，朱珠、闫佳祺、贾建锋（2017）以辽宁省的调研数据探讨了辽宁省新生代农民工职业教育培训需求的影响因素。提出要设计多元化的培训方案、确保工作时间合理性和提升新生代农民工社会支持三个方面的政策建议。

上述学者分别从不同层面就新生代农民工培训进行了研究，具有重要的借鉴作用。不过考虑到社会性别意识、专门针对新生代女性农民工培训的研究几乎没有，基本都包含在新生代农民工培训的研究内容之中。为

---

① 王强，王树娟，娄玉花．中小企业对新生代农民工需求及培训意愿调查［J］．中国成人教育，2014（20）．

此，本研究希望将新生代女性农民工作为研究对象进行专门研究。当然在此需要说明的是，以新生代女性农民工为研究对象并不意味着所有的内容都是专门重点针对新生代女性农民工的讨论，所涉及的内容有的是全体农民工都可适用的，故有的属于全体新生代农民工共性的讨论，有的是针对新生代女性农民工个性的探讨。

第二节　农民工培训中的政府行为分析

一、农民工培训是准公共产品

社会产品分为公共产品和私人产品两种类型，其中，公共产品包括纯公共产品和准公共产品。私人产品应该由市场提供，确保其效率；而公共产品，由于其具有一定的正外部性，私人机构无法获得投资的全部收益，因此一般不愿生产，只能由政府供给，政府通过财政支出、税收等财政手段刺激并保证公共产品的生产。

农民工职业培训有助于提高农民工的素质和技能，进而提高其非农就业率及就业稳定性，尤其是对于新生代女性农民工的职业培训，对一个家庭的和谐稳定、对下一代子女的教育，对于国民整体素质的提高和经济社会的发展具有较强的正外部性，因而农民工职业培训具有准公共产品特征。另外，从其特征来看，通过对参加培训的农民工进行收费能够将不愿付费的新生代农民工排除在外，因此，农民工职业培训具有一定的排他性；农民工职业培训的规模在一定范围内，增加一个农民工所增加的培训成本几乎很小，因此，农民工职业培训又具有非竞争性，即农民工职业培训具有一定排他性和非竞争性，是准公共产品。对于准公共产品，其外部性特征决定了市场无法确保产品最大限度地供给，则政府有责任提供产品。由于农民工职业培训的社会收益较高、私人收益相对较低，而通常情况市场投资主体缺位、培训供给不足。政府作为市场调节的补充者和矫正者，理应担负起相应的供给责任。

二、政府供给公共产品的职能定位

作为准公共产品的农民工培训，政府理应承担相应的供给责任，不能缺位；同时，政府供给公共产品并不一定必然由政府生产和直接提供公共产品。一些公共产品由政府生产可能导致效率低下，可以采取政府购买服务的方式供给，而社会机构在生产政府购买的公共产品时，能够有效克服政府失灵带来的效率低下的问题。不过由于存在追求利润最大化的动机，也就存在为降低成本不惜牺牲产品质量的可能，为此政府又要进行必要的监管。因此，政府要准确定位自身的职能。

农民工培训属于可以由市场生产、政府购买的准公共产品，要充分发挥政府“社会管理、经济调节、公共服务、市场监管”的职能，主要体现为政策制定、财政投入、服务供给、运行监管等几个方面，政府在供给农民工就业培训服务过程中，应扮演好安排者、授权者、付费者、服务者和监管者的角色而非生产者角色，既不能越位，更不能缺位。

三、我国农民工培训中的政府职责与行为分析

我国历来比较重视农民工及其就业问题，在政策制度、财政投入、公共服务、运行监管等方面都有很好地体现，然而有很多需要完善的地方，在某种程度上还存在越位或缺位的现象。

（一）提供了必要的制度安排，然而立法略显滞后

政府重视农民工的就业及生活保障等问题，近年来在历年的政府工作报告中均把解决农民工问题提到重要的位置。同时，意识到职业培训对农民工发展的重要性，出台了一系列支持农民工就业的政策。比如：2003 年出台《2003—2010 年全国农民工培训规划》；2008 年，国务院发布《关于切实做好当前农民工工作的通知》，要求加强农民工技能培训和职业教育；2009 年 1 月，人社部、发改委、财政部联合下发《关于实施特别职业培训计划的通知》，要求就业专项资金和相关专项资金中给予补贴农民工职业技能培训；2010 年 1 月，国务院办公厅发布《关于进一步做好农民工培训

工作的指导意见》，针对培训资金管理、企业培训和培训质量提出指导意见。[①] 这些政策文件为政府开展农民工就业培训工作提供了必要的政策依据。

然而，我国没有制定专门针对农民工就业培训的法律。目前的《劳动法》和《就业促进法》等法律虽然对劳动者培训进行了规定，但并没有专门针对农民工的。因此，真正能按上述政策文件对农民工进行培训的企业并不多。政府是公共政策的制定和执行者，实施农民工就业培训必须政策先行。大多西方发达国家都通过立法方式，明确农业职业教育的地位、培训内容和资金投入，规定各参与主体的责任和义务及经费来源、激励措施等。我国也应该借鉴国外成熟的做法，出台农民工就业培训的相关立法，对农民工培训的职责划分、培训机制、培训主体和培训评估体系及激励机制明确界定。使农民工培训工作具有法律保障，既保障农民工接受培训的权利及权利被侵害时的依法维权；也可监督培训机构和企业，确保培训工作依法有序进行。

（二）进行必要的组织领导，但行政效率有待提高

我国的农业、科技、教育和人事与劳动保障等各部委、扶贫开发部门及其他政府部门都参与了现有的农民工培训工作，充分表明国家或各相关职能部门对该项工作的重视。但同时，负责农民工教育培训的机构重叠，部门林立，各部门往往处于各自行事的状态，权力运行过程中又缺少统一领导、统一指挥，现有资源整合力度较弱，都在自己的职责范围内开展培训工作，既存在相互推诿、影响行政效率的现象，也存在资源因利用不当而闲置浪费的问题。

（三）财政投入不断增加，但仍总量有限、过于分散

中央及地方政府和相关职能部门通过各种培训项目，投入了大量的培训资金，全国各地以“阳光工程”“农村劳动力技能就业计划”“雨露计划”“星火计划”等为载体，通过兴办学校、举办培训项目等来开展农民

① 梁栩凌，王春稍．缺位或越位：农民工培训中的政府角色研究［J］．经济问题，2014（9）．

工培训工作。但是由于统一规范的资金投入机制没有建立起来，培训项目繁多，资金过于分散，在一定程度上稀释了农民工培训的财政资金，重复培训现象严重，实际落实到人头的培训经费很少，降低了培训资金的利用率。此外，针对全国2.8亿农民工的培训需求，仅有的这些培训项目及相应的资金投入与巨大的需求相比仍显杯水车薪，财政投入总量仍有不足。

（四）提供了一定的社会服务，但针对性及服务力度明显不够

为减轻农民工的费用负担，政府对参与培训的机构给予补贴，发挥其对农民工培训工作的部分财政投入的职能。此外，城市中的就业公共服务机构也面向农民工服务，发挥着其公共服务的职能。不过这些就业公共服务机构名义上是向农民工开放的，但所提供的就业信息和岗位需求通常门槛较高，不适合农民工，因此，通过事实上公共服务的排斥将农民工挡在这些机构的门外，农民工很少有人去寻求服务。为解决农民工的就业问题，有的地方政府统一组织协调一些进城就业的工作机会，但这种安排不是长期的，带有偶然性和临时性的特点。大部分农民工进城务工主要还是依靠亲戚、朋友、熟人关系网络寻找工作，通过政府统一组织进城就业的比例较低。就业公共服务是为农民工在城市顺利找到就业岗位或转换工作单位提供相应的服务，主要包括岗位需求信息提供、求职指导、政策咨询、职业介绍、技能鉴定等。可见在很大程度上，政府针对农民工及新生代女性农民工的公共服务力度明显不够，有些地方这一服务甚至是缺失的。为此，政府应该强化这方面的工作内容。

（五）监管职能不到位

目前针对农民工的一系列政策文件，通过政府机构和企业层层下发，做到了基本文件政策的传达。但是执行效果很不理想，缺少应有的监督管理，甚至由于立法缺失，有些政策是否执行没有强制性，甚至在很大程度上全凭企业或第三方培训机构的自觉，几乎没有监管或监管流于形式。因此，许多地方或企业等相关主体不重视农民工培训工作。

第三节 我国现有农民工培训措施的进展与效果

一、我国农民工培训的政策与措施

2003 年 9 月，农业部、劳动和社会保障部等 6 部委联合出台《2003—2010 年全国农民工培训规划》，这是我国农民工培训工作的第一个纲领性文件；同年，劳动部等六部委联合下发了《关于组织实施农村劳动力转移培训阳光工程的通知》，明确并强调了非农职业技能培训给予政府补贴的措施；2006 年 1 月，国务院发布《关于解决农民工问题的若干意见》，其中提出了完善农民工培训的补贴办法；2007 年 11 月，中央办公厅、国务院办公厅发布《关于加强农村实用人才队伍建设和农村人力资源开发的意见》，指出要继续推进实施"阳光工程""雨露计划"，完善订单培训、定向培训等培训形式，开始试点"培训券"制度；2008 年 11 月，教育部办公厅下发了《关于中等职业学校面向返乡农民工开展职业教育培训工作的紧急通知》，提出中等职业学校要为返乡农民工提供职业技能培训；2009 年 1 月，人力资源社会保障部、发改委、财政部联合下发《关于实施特别职业培训计划的通知》，提出农民工职业技能培训要从专项资金和相关专项资金中给予补贴；2009 年 2 月，教育部下发了《关于切实做好返乡农民工职业教育和培训等工作的通知》，明确了进一步做好返乡农民工培训工作的办法和具体措施；2010 年 1 月，国务院办公厅发布《关于进一步做好农民工培训工作的指导意见》①。此后的 2014 年，人力资源社会保障部印发《农民工职业技能提升计划——"春潮行动"实施方案》，启动"春潮行动"方案。每年面向农村新成长劳动力和拟转移就业劳动者开展政府补贴培训 700 万人次，培训合格率达到 90%以上，就业率达到 80%以上。每年面向在岗农民工开展政府补贴培训 300 万人次，培训合格率达到 90%以

① 梁栩凌，王春稍．缺位或越位：农民工培训中的政府角色研究［J］．经济问题，2014（9）．

上。每年面向有创业意愿的农村转移就业劳动者开展创业培训100万人次，培训合格率达到80%以上，创业成功率达到50%以上[①]。

总结起来，我国有关部委专门针对农民工群体组织的农民工培训项目主要有：2004年农业部组织的“阳光工程”、2006年国务院扶贫办实施的“雨露计划”、2006年人力资源和社会保障部门组织的农村劳动力技能就业计划、科技部门实施的“星火计划”。另外，还有工会、共青团和妇联等组织的培训。最新的一个项目是2014年人力资源社会保障部启动的农民工职业技能提升计划“春潮行动”。

二、政府组织的农民工培训项目实施效果

（一）总体评价

政府组织的各级各类农民工培训使广大农民工受益，根据人力资源社会保障的统计数据，2008—2016年，参加培训而受益的农民工人数累计达8872.4万人次[②]。培训提高了农民工的综合素质和从业能力，促进了他们向非农领域的就业，增加了收入，在一定程度上缩小了城乡收入之间的差距。政府组织的这些农民工培训项目的特点在于：政策的设计初衷很好，旨在提高农民工的职业技能和从业能力，促进了他们的非农产业的就业。然而从农民工的总量看，绝大多数农民工并没有参加培训的机会。从表8-1可见，2008年以来政府提供的培训确实使一部分农民工受益了，但能够参加各类农民工培训的人数仅占农民工总量的一小部分，2009年，该比例最高，为4.79%；2016年最低，仅为3.24%。

---

① 人力资源社会保障部启动农民工技能“春潮行动”［EB/OL］.2014-4-12，http：//www.gov.cn/xinwen/2014-04/12/content_2657959.htm.

② 根据2008年度—2016年度人力资源和社会保障事业发展统计公报的数据计算而得，http：//www.mohrss.gov.cn/SYrlzyhshbzb/zwgk/szrs/.

表 8-1 2008—2016 年我国参加农民工培训的受益人数及百分比

年份	各类农民工培训参加人数（万人次）	当年农民工总量（万人）	参加培训的农民工占农民工总量的百分比（%）
2008	900	22542	3.99
2009	1100	22978	4.79
2010	1022	24223	4.22
2011	1080	25278	4.27
2012	883	26261	3.36
2013	938.4	26894	3.49
2014	1069	27395	3.90
2015	967	27747	3.49
2016	913	28171	3.24

数据来源：《2008—2016 年度人力资源和社会保障事业发展统计公报》，并根据其中数据计算。

同时不难看出，上述项目分别是不同部门出台的培训项目，参与的部门多，且各个部门自成体系独立实施，政策宣传力度不够广泛，实施的结果虽起到了不容忽视的重要作用，但有些项目实施过程中诸如培训内容与产业需求难以对接、资金投入不足等原因并未如预期的那样理想。

（二）对“春潮行动”“阳光工程”和“雨露计划”的评价

1. 对“春潮行动”的认识

在国家相继开展的一系列农民工培训项目中，大多都集中于 2004 年左右实施。最新的一次农民工培训项目是时隔 10 年之后的 2014 年，由人力资源社会保障部启动的农民工职业技能提升计划“春潮行动”。“春潮行动”实施的重点是农村新成长劳动力。要根据不同类型农村转移就业劳动者的需求，分类组织实施各具特色的职业培训，大力开展就业技能培训、岗位技能提升培训、高技能人才培训和创业培训、劳动预备制培训、社区公益性培训等培训内容。

该培训项目较之前的项目而言有以下几个主要特点：第一，目标任务更具体，提出到 2020 年，力争使新进入人力资源市场的农村转移就业劳动者都有机会接受一次相应的就业技能培训；力争使企业技能岗位的农村转移就业劳动者得到一次岗位技能提升培训或高技能人才培训；力争使具备一定创业条件或已创业的农村转移就业劳动者有机会接受创业培训。第二，培训对象全覆盖、培训内容有层次性和针对性。针对不同类型、不同培训需求的农民工该培训方案设计了与之相匹配的培训内容，详见表 8-2。第三，进一步明确了资金的使用方法，提出企业增加在岗农民工培训的经费支出的要求。

表 8-2 “春潮行动”培训内容、培训对象与预期目标

01 就业技能培训 对转移到非农产业务工经商的农村劳动者开展专项技能或初级技能培训。依托技工院校、中高等职业院校、职业技能实训基地等培训机构，加大各级政府投入，开展政府补贴农民工就业技能培训，每年培训 1000 万人次，基本消除新成长劳动力无技能从业现象。对少数民族转移就业人员实行双语技能培训。
02 岗位技能提升培训 对与企业签订一定期限劳动合同的在岗农民工进行提高技能水平培训。鼓励企业结合行业特点和岗位技能需求，开展农民工在岗技能提升培训，每年培训农民工 1000 万人次。
03 高技能人才和创业培训 对符合条件的具备中高级技能的农民工实施高技能人才培训计划，完善补贴政策，每年培养 100 万高技能人才。对有创业意愿并具备创业条件的农民工开展提升创业能力培训。
04 劳动预备制培训 对农村未能继续升学并准备进入非农产业就业或进城务工的应届初高中毕业生、农村籍退役士兵进行储备性专业技能培训。
05 社区公益性培训 组织中高等职业院校、普通高校、技工院校开展面向农民工的公益性教育培训，与街道、社区合作，举办灵活多样的社区培训，提升农民工的职业技能和综合素质。
06 职业技能培训能力建设 依托现有各类职业教育和培训机构，提升改造一批职业技能实训基地。鼓励大中型企业联合技工院校、职业院校，建设一批农民工实训基地。支持一批职业教育优质特色学校和示范性中高等职业院校建设。

资料来源：国家新型城镇化规划（2014—2020 年）［EB/OL］. http：//www. gov. cn/gongbao/content/ 2014/content_ 2644805. htm.

该项目从 2014 年启动，目前许多地方政府在积极响应和组织实施，如果按计划、有步骤地实施，应该能够如期实现国家新型城镇化规划

(2014—2020年)的目标。不过目前由于时间较短，政策的效果还待时间的检验。政府提供的农民工培训项目中“阳光工程”和“雨露计划”的实施时间较早，目前有近14年的时间，具体实施的效果也相对明显。尤其近年来，各个中央部委联合行动，仍在继续实施农村劳动力转移培训“阳光工程”和“雨露计划”的具体方针，使得农民工就业培训的影响进一步增强。故下面结合这两个培训项目进行评析。

2. 对“阳光工程”的评价

“阳光工程”是2004年由农业部、财政部、劳动和社会保障部、教育部、科技部和建设部六部委共同发起，由国家财政补贴的农村劳动力转移培训项目。主要是针对有意愿向第二、第三产业转移、城镇就业的农民，在其输出地开展的职业技能短期培训，基本内容见表8-3。

表8-3 阳光工程和雨露计划的基本内容

对比项目	阳光工程	雨露计划
组织部门	农业部、财政部、劳动和社会保障部、教育部、科技部、建设部	国务院扶贫办
培训对象	农村转移劳动力	农民、农民工、退伍军人、村干部
培训内容	非农领域的职业技能培训	农业实用技能培训、创业培训等
培训目的	为农村劳动力向非农产业转移及城市转移提供职业技能培训服务	为培养新型农民工及农村脱贫致富提供技能支持
培训时间	半个月~1个月	3个月~1年
组织方式	公开招标	政府指定
费用承担情况	政府、农民工	政府、企业、培训机构

资料来源：徐建军．我国农民工就业培训模式研究［D］．成都：西南财经大学，2013.

2004年以来，无论是全国层面上还是在地方层面，“阳光工程”项目都取得了一定成就。以吉林省为例，2012年，吉林省财政厅、省农委颁发了《吉林省农村劳动力培训阳光工程项目专项补助资金管理办法》，规范了专项补助资金管理方法，以使培训补助资金安全运行、有效使用；并且规范认定了292个培训基地。2012年，吉林省共承担了14.6万人培训任务，比2011年增加0.6万人，包括农业就业培训6.7万人，农业创业培训

1000 人，专项技术培训 7. 8 万人。中央财政项目专项资金 5100 万元，比 2011 年增加 60 万元，省级配套资金 800 万元。到 2012 年 11 月初，全省共培训约 11. 57 万人，完成总任务的 79. 79%，比 2011 年同期增长 28%，当年 12 月全面完成任务。其中，专项技术培训 6. 48 万人，占总任务的 83. 06%；就业培训 5. 09 人，占总任务的 76%[①]。

然而该培训项目在具体实施过程中取得成效的同时，也存在一些问题。詹满琳（2014）研究了海南省阳光工程培训项目，认为该培训项目提高了农民的素质，增加了农民收入，促进了农村劳动力有序转移，取得了比较好的效果。例如：2011 年，劳动力转移培训 14000 人，农业技术培训 6000 人；2012 年，劳动力转移培训 14000 人，农业技术培训 6000 人。同时，在阳光工程培训实施之前，农民基本上是通过亲戚、朋友、老乡等传统方式介绍外出务工。阳光工程培训实施以后，培训机构通过订单培训、就业地培训等方式将企业的用工需求和农村劳动力转移供给结合起来，为农村剩余劳动力转移提供了稳定的途径，也提供了劳动力供给和需求对接的信息平台，实现了农村劳动力有序转移。此外，指出该培训项目中仍存在农民对阳光工程政策不了解、培训供求失衡、培训质量有待提高等问题[②]，对此，詹满琳（2014）进一步分析了存在这些问题的原因，主要在于政策宣传力度不充分、资金投入不足、培训机构和教师良莠不齐等三个方面。周曼（2012）在研究河北省农村劳动力转移培训阳光工程实施效果时，指出由于政策发布时间晚缺乏灵活性、激励政策力度不足、对阳光工程政策扶持力度不足等政策方面的原因；由于培训管理混乱，监督机构、监管机制不健全和后续机制缺乏有效机制等管理方面的问题[③]；以及培训基地方面和师资力量等方面存在的问题，致使培训效果大打折扣。对此需要从以上相关角度加以完善。

---

① 徐建军．我国农民工就业培训模式研究［D］．成都：西南财经大学，2013.

② 詹满琳．海南省农民阳光工程培训研究［D］．长沙：湖南农业大学，2014.

③ 周曼．河北省农村劳动力转移培训阳光工程实施效果调查与对策研究［D］．保定：河北农业大学，2012.

3. 对“雨露计划”的评价

自2006年开始，国务院扶贫办把2001年中国农村扶贫开发纲要实施以来、专门针对贫困家庭劳动力的转移培训工作统称为贫困地区劳动力转移培训“雨露计划”。该项目从2006年开展以来也取得了一定的成绩。数据显示，2006年，全国在雨露计划中的财政支出超过7亿元，比2005年增加了约30%；参加培训的青壮年农民工大约170万人，有效解决126.7万人就业，使近500万的贫困人口脱贫①。不过刘晓博（2013）对河南省雨露计划的实施进行了研究，指出和其他扶贫方式进行对比，雨露计划培训项目的投入产出效果更为明显；与自发性外出务工的农村剩余劳动力相比，参加雨露计划培训后的贫困劳动力就业更为稳定，自身权益维护更有保障。此外，参加雨露计划培训后的贫困劳动力在经济收入大幅度提高的同时，开阔了眼界，提高了自身的素质，更新了观念②。

第四节　建立我国新生代女性农民工职业培训体系的措施与设想

在我国新生代女性农民工就业竞争力构建系统模型（图7-2）的基础上，本节主要借鉴德国双元制职业教育模式的经验，结合我国政府农民工培训中存在的问题，试图建立我国新生代女性农民工的职业培训体系，见图8-1。

一、明确我国新生代女性农民工职业培训体系的顶层设计

我国新生代女性农民工职业培训体系的顶层设计与新生代女性农民工就业竞争力构建系统模型是一个系统。具体的设想如图8-1所示。

① 徐建军．我国农民工就业培训模式研究［D］．成都：西南财经大学，2013.

② 刘晓博．河南省雨露计划的研究［D］．郑州：河南大学，2013.

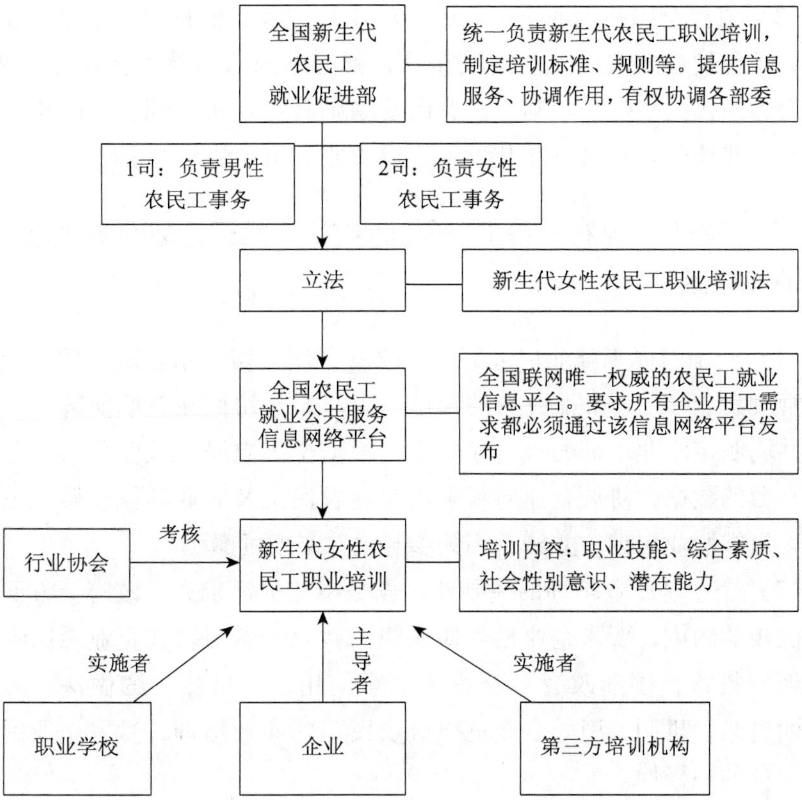

图 8-1　我国新生代女性农民工职业培训体系

（1）出台专门为新生代女性农民工培训服务的法律。例如：出台《新生代女性农民工职业培训法》，规范和明确我国新生代女性农民工职业培训的法律地位。

（2）成立全国范围统一规范的新生代女性农民工就业与培训相关的专门管理机构，例如：成立全国新生代农民工就业促进部，下设 1 司、2 司，分别负责男性和女性农民工的就业、培训及就业服务、协调等职能。统一领导、协调各职能部门，负责新生代女性农民工的就业、竞争力构建、培训及相关服务、咨询、协调合作等职能，其中，全国新生代农民工就业促进部负责制定职业培训的标准、规则等。其职能及各主体的权责利及相关的约束和激励机制通过立法形式明确下来，比如：包含在《新生代女性农民工职业培训法》中。

（3）成立全国联网的全国农民工就业公共服务信息网络平台。要求所有用人单位发放的农民工的用人需求，都必须通过该信息网络平台发布。该平台各主体的责任、权利、义务以及激励和约束机制都通过法律形式确立下来。建议包含在《新生代女性农民工职业培训法》中。

二、建立“政府—企业—职业学校（第三方培训机构）”联动的培训机制

（1）全国农民工就业促进部代表政府行使一切关系农民工职业培训工作的管理者、导航者和服务者的角色。由其牵头协同相关职能部门和参与主体共同制定职业培训的规范和标准，根据全国农民工就业公共服务信息网络平台的数据，协调企业与新生代女性农民工及职业学校或第三方培训机构，组织职业培训，并给予相关参与主体必要的激励。

（2）企业是职业培训的主导者，也是用工的需求方。政府一方面通过法律法规的约束，要求企业足额提取职工教育经费，增加企业在岗农民工培训经费投入，逐渐改变对农民工“重使用、轻培养”的做法。另一方面，明确激励机制，引导企业重视对农民工的职业培训，激发企业的参与职业培训的积极性。

（3）职业学校或第三方培训机构是主要实施者。通过政策引导，改变职业学校或第三方培训机构重理论、轻实践的现状。激发他们的积极性能够乐于按照市场需求、企业要求进行相应的培训，促进农民工就业竞争力的建立。

（4）“政府—企业—职业学校（第三方培训机构）”联动的培训机制主要体现在由全国农民工就业促进部做好协调组织工作后，使就业市场的供需匹配起来，使参与培训的农民工有意向单位工作，并进行比较有针对性的培训，只要培训合格取得相应的资格证书就可以入职。保证了培训工作有的放矢，培训后能够提高入职率或者应对环境变化的能力，真正提高培训的成效。

三、重视职业培训的考核与评价

建立由行业协会负责的考核与评价机制，做好事前、事中和事后全过

程的监督。便于激励机制落实到位，起到真正激励的正向作用。

四、保障财政资金的投入，运用财政金融手段探索多元化的资金支持

资金支持是职业培训工作的基本保障，建议把相应的培训经费纳入财政预算，确保足额准确及时到位。保障农民工均可享受一次免费参加培训的机会。同时，为满足进一步提高就业能力或就业竞争力而资金受困的新生代女性农民工，建议通过财政+金融手段设计出适合的金融产品，提高资金支持力度。例如：针对已经享受过一次国家免费职业培训后、再进行二次或三次职业培训的新生代女性农民工，且是在职人员或者已经与意向单位签订劳动合同的，推出财政贴息新生代女性农民工职业培训小额贷款，作为培训费。额度通常在 50000 元以内不等，期限一般 3 年，新生代女性农民工到期时只需还本，利息由财政补贴，可以在一定程度上缓解新生代女性农民工培训时的资金困难问题。而且由于有工作或有工作意向，也可以确保本金的偿还有保障。另外，在新生代女性农民工已经享受了一次国家的免费培训的基础上提供该贷款，这种方式的资金支持是在全体公民均享有财政补贴的基础上进行的差异化政策设计，旨在对有进一步培训需求的新生代女性农民工提供，更有针对性，同时也可以缓解财政压力。此外，还可针对参加培训的企业、第三方机构或职业学校设计一款低息贷款，专门用于职业培训的投入。

五、培训内容系统化、层次化

设计出一系列职业培训知识内容系统，以满足不同类型、不同培训需求的农民工的需要，比如：分别针对求职者与在岗者、技能培训需求与综合能力培训需求、短期目标与中长期目标，培训知识系统里都可以供农民工选择。

六、探索适宜有效的培训模式

根据实际情况，实施不同的培训模式。例如：订单式、定向性等模式或者“政企校”模式、“政企”模式、“政企第三方培训机构”模式等，对于能够提供适合产业需求的模式均可以灵活地设计和加以采用。

参考文献

［1］王春光．新生代农村流动人口的社会认同［J］. Social Sciences in China，2003（4）.

［2］郎晓波．从“生存”到“发展”：金融危机下的农民工问题——基于“60后”“70后”“80后”三代农民工进城心态的差异研究［J］. 福建行政学院学报，2009（4）.

［3］刘俊彦，胡献忠．新一代农民工发展状况研究报告［J］. 中国青年研究，2009（1）.

［4］杨琦，李玲玲．新生代农民工的劳动供给与经济增长方式的转变［J］. 中国人口科学，2011（1）.

［5］李晓红．新生代农民工就业能力提升问题研究［J］. 河南理工大学学报（社会科学版），2009（4）.

［6］罗恩立．新生代农民工的就业能力研究［J］. 中国人力资源开发，2010（2）.

［7］罗恩立．就业能力对于新生代农民工城市融入的影响分析——以上海市为例［J］. 现代经济探讨，2012（12）.

［8］丁静．新生代农民工职业技能提升研究［J］. 河南社会科学，2016（8）.

［9］曹卫国．新生代女农民工城市适应性及提升对策［N］. 中国妇女报，2017-04-25.

［10］国晓丽．我国女性农民工就业特点与对策［J］. 现代经济探讨，2010（3）.

［11］中国社科院经济所课题组．农民工就业市场中的性别差异［N］. 中国社会科学院院报，2007-02-13.

［12］蒯鹏州，张丽丽．农民工性别工资差异及其成因的解释——歧视的贡献到底有多大［J］．农业经济问题，2016（6）．

［13］李国正，王一旻．人口红利消失背景下农民工收入与就业率的性别差异研究［J］．宁夏社会科学，2017（1）．

［14］罗霞，王春光．新生代农村流动人口的外出动因与行动选择［J］．浙江社会科学，2003（1）．

［15］相征．产业结构调整与农民工就业研究——以黑龙江省为例［D］．长春：东北师范大学，2014．

［16］朱柯旭．马克思社会资本再生产理论对我国产业结构调整对策借鉴意义研究［J］．世纪桥，2017（1）．

［17］汤斌．产业结构演进的理论与实证分析——以安徽省为例［D］．成都：西南财经大学，2005．

［18］［美］西蒙·库兹涅茨．现代经济增长理论［M］．北京：商务出版社，1989．

［19］［美］H·钱纳里，塞尔奎因．发展的型式：1950—1970［M］．李新华，等，译．北京：经济科学出版社，1988．

［20］张璐．我国农村劳动力转移问题分析——基于刘易斯·费·拉尼斯模型与托达罗模型［J］．现代商贸工业，2010（21）．

［21］［美］西奥多·W·舒尔茨．人力资本投资——教育和研究的作用［M］．蒋斌，张蘅，译．北京：商务印书馆，1990．

［22］Gary S Becker. Investment in Human Capital：A Theoretical Analysis［J］．Journal of Political Economy，1962（10）．

［23］［英］威廉·配第．政治算术［M］．陈冬野，译．北京：中国社会科学出版社，2010．

［24］［英］克拉克．经济进步的条件［M］．北京：商务印书馆，1940．

［25］［美］西蒙·库兹涅茨．各国的经济增长［M］．常勋，等，译．北京：商务印书馆，1999．

［26］［美］H·钱纳里，赛尔奎因．工业化和经济增长的比较研究［M］．上海：上海人民出版社，1995．

[27] Hoffman. Unemployment Theory [J]. Basil Blackwe, 1990, 11 (6).

[28] David Galenson, Ariel. Industrial Growth and Structure: Analysis of Manufacturing Sector in Kamataka [J]. Economic and Politic Weekly, 1994, 4 (3): 157-164.

[29] Pini, P. Technical Change and Labour Displacement: Some Comments on Recent Models of Technological Unemployment [A]. Antonelli, G. , De Liso, N. Economics of Structural and Technological Change [C]. New York: Routledge, 1997.

[30] D. A. G. Draper. Explaining Unemployment: Econometric Models for The Nerthland [M]. North-Holland, 2001.

[31] 王诚. 中国就业发展新论——核心就业与非核心就业理论分析 [J]. 经济研究, 2002 (12).

[32] 武力, 温锐. 1949 年以来中国工业化的“轻、重”之辨 [J]. 经济研究, 2006 (7).

[33] 何德旭, 姚战琪. 中国产业结构调整的效应、优化升级目标和政策措施 [J]. 中国工业经济, 2008 (5).

[34] 段利民, 杜跃平. 产业结构与经济增长关系 Granger 检验研究 [J]. 生态经济, 2009 (7).

[35] 段敏芳, 徐凤辉. 产业结构升级对就业的影响分析 [J]. 经济纵横, 2011 (14).

[36] 张浩然, 衣保中. 产业结构调整的就业效应: 来自中国城市面板数的证据 [J]. 产业经济研究, 2011 (3).

[37] 吴振球, 程婷, 王振. 产业结构优化升级、经济发展方式转变与扩大就业——基于我国 1995—2011 年省级面板数据的经验研究 [J]. 中央财经大学学报, 2013 (12).

[38] 薛继亮. 基于产业转型升级视角的中国就业结构转变研究 [J]. 财经问题研究, 2017 (3).

[39] Solow R M. Technical Change and the Aggregate Production Function

[J]. Review of Economics and Statistics, 1957, 39 (1).

[40] Basu S, Weil D N. Appropriate Technology and Growth [J]. Quarterly Journal of Economics, 1998, 113 (4).

[41] Acemoglu D. Why do New Technologies Complement Skills? Directed Technical Change and Wage Inequality [J]. Quarterly Journal of Economics, 1998, 113 (4).

[42] Hijzen A, Holger G, Robert C H. International Outsourcing and the Skill Structure of Labour Demand in the United Kingdom [J]. The Economic Journal, 2005, 115 (10).

[43] 张车伟，蔡昉．就业弹性的变化趋势研究 [J]. 中国工业经济，2002 (5).

[44] 张建武，宋国庆，邓江年．产业结构与就业结构的互动关系及其政策含义 [J]. 经济与管理研究，2005 (1).

[45] 代谦，别朝霞．人力资本、动态比较优势与发展中国家产业结构升级 [J]. 世界经济，2006 (11).

[46] 方明行，韩晓娜．劳动力供求形势转折之下的就业结构与产业结构调整 [J]. 人口学刊，2013 (2).

[47] Kalz, Lawrence, Kevin M Murphy. Changes in Relative Wages, 1963—1987: Supply and Demand Factors [J]. Quarterly Journal of Economics, 1992 (13).

[48] Aghion, P. , Howitt , P. Growth and Unemployment [J]. Review of Economic Studies, 1994, 61 (3).

[49] Clandio Micheiacci, David Lopez-Salido. Technology Shocks and Job Flows [J]. CEMFL working Paper, 2004 (74).

[50] 龚益．技术进步对就业状态的影响 [J]. 数量经济技术经济研究，2001 (9).

[51] 詹浩勇．我国产业结构变迁与就业的互动关系探讨 [J]. 现代经济探讨，2010 (3).

[52] 喻桂华，张春煜．中国的产业结构与就业问题 [J]. 当代经济科

学，2004（5）.

[53] 张浩然，衣保中．产业结构调整的就业效应：来自中国城市面板数据的证据[J]．产业经济研究，2011（3）.

[54] 郭将，李漆节．江苏省产业结构升级对就业水平的影响研究[J]．技术与创新管理，2017（1）.

[55] 丁海燕．就业结构与产业结构的协调性分析——基于广东数据的实证研究[J]．现代管理科学，2017（4）.

[56] 夏杰长．我国劳动就业结构与产业结构的偏差[J]．中国工业经济，2000（1）.

[57] 刘社建．就业结构与产业升级协调互动探讨[J]．社会科学，2005（6）.

[58] 孙建，周兵．产业结构与就业结构相关性的 SEM 研究[J]．统计与决策，2008（11）.

[59] 张文玺．山东产业结构与就业结构的非均衡发展研究[J]．山东大学学报（哲学社会科学版），2011（6）.

[60] 刘毅，张宁．产业升级与就业扩张[J]．学术交流，2015（6）.

[61] 景建军．中国产业结构与就业结构的协调性研究[J]．经济问题，2016（1）.

[62] 徐顽强，薛亦丹，张红方．我国产业结构与就业结构协同推进研究[J]．武汉理工大学学报（社会科学版），2016（5）.

[63] 邹璇，黎恢富．制造业产业结构与就业结构的协调性研究[J]．工来技术经济，2016（8）.

[64] 张少红．论区域人力资本与产业结构调整[J]．东岳论丛，2004（2）.

[65] 孔进，孔宪香．人力资本积累与产业结构可持续调整的关系研究[J]．东岳论丛，2007（4）.

[66] 李萍，谌新民．人力资本投资、就业稳定性与产业转型升级——基于东莞市的经验数据[J]．学术研究，2012（9）.

[67] 张抗私，周晓蒙．就业结构缘何滞后于产业转型：人力资本视

角的微观解释——基于全国调研数据的实证分析［J］. 当代经济科学，2014（6）.

［68］王惠文，刘强．成分数据预测模型及其在中国产业结构趋势分析中的应用［J］. 中外管理导报，2002（5）.

［69］施久玉，柴艳有．灰色成分数据模型在中国产业结构分析预测中的应用［J］. 统计信息论坛，2007（1）.

［70］王庆丰．中国产业结构与就业结构协调发展研究［D］. 南京：南京航空航天大学，2010.

［71］王海涛，徐刚，恽晓方．区域经济一体化视阈下京津冀产业结构分析［J］. 东北大学学报（社会科学版），2013（4）.

［72］段亚敏，郑艳，李华中．京津冀产业结构与就业结构的演变趋势分析——以河北省为例的实证分析［J］. 河北地质大学学报，2017（3）.

［73］［英］阿瑟·刘易斯．经济增长理论［M］. 周师铭等，译．北京：商务印书馆，2010.

［74］Gustav Ranis，John C. H. Fei. A Theory of Economic Development［J］. The American Economic Review，1961，51（4）.

［75］John R. Harris，Michael P. Todaro. Migration，Unemployment and Development：A Two-Sector Analysis［J］. The Economic Journal，1970，60（1）.

［76］Dale WJorgenson. The Development of a Dual Economy［J］. The Economic Journal，1961，71（28）.

［77］Kam Wing. The Household Registration System and Migrant Labor in China：Notes on a Debate［J］. Population & Development Review，2010（2）.

［78］Robert. Economic Growth Cross Section of Countries［J］. Quarterly Journal of Economics，1997.

［79］Loren Brandt，Dwayne，Benjamin，Paul Glewwe et al. Markets，Human Capital and Income Inequality in Rural China［D］. Toronto：University of Toronto Law and Economics，2000.

［80］Fang Lee Cooke. The Changing Dynamics of Employment Relations in

China: An Evaluation of the Rising Level of Labour Disputes [J]. Journal of Industrial Elations, 2008.

[81] 王春光. 新生代农村流动人口的社会认同与城乡融合的关系 [J]. 社会学研究, 2001 (3): 63-76.

[82] 林春园. 新生代农民工就业问题研究 [J]. 现代农业科技, 2010 (20).

[83] 陈兰. 关注新生代农民工的就业问题 [J]. 中国劳动, 2010 (8).

[84] 刘瑞. 新生代农民工就业问题研究 [J]. 山西财经大学学报 2011 (1).

[85] 张峰. 转变经济发展方式背景下新生代农民工就业问题与对策研究 [J]. 农村经济, 2012 (2).

[86] 李向东. 新生代农民工就业及保障问题探析——以河南省为例 [J]. 特区经济, 2012 (6).

[87] 张玉鹏. 后人口红利时代促进新生代农民工就业问题探析 [J]. 理论导刊, 2013 (4).

[88] 许佳. 基于"刘易斯拐点"理论对新生代农民工就业问题的反思 [J]. 哈尔滨学院学报, 2013 (5).

[89] 王雪珍. 新生代农民工就业问题研究——以湖南省为研究对象 [J]. 湖南行政学院学报, 2016 (5).

[90] 王惠燕. 新生代农民工: 就业问题及应对策略——以哈尔滨市为例 [J]. 中国就业, 2016 (4).

[91] 郑永兰, 诸飞燕. 回流新生代农民工就业问题研究——基于新型城镇化背景下就业能力的分析框架 [J]. 南京工程学院学报 (社会科学版), 2017 (3).

[92] 丁志宏. 我国新生代农民工的特征分析 [J]. 兰州学刊, 2009 (7).

[93] 陈彦佳, 徐邓耀. 区域经济学视角下新生代女性农民工的就业研究 [J]. 商, 2013 (16).

[94] 方翰青，谭明. 新生代女性农民工职业流动现状的研究 [J]. 职教论坛，2013 (36).

[95] 郭江影，江金启，戚迪明. 新生代女性农民工就业状况及就业选择的影响因素研究 [J]. 南方农村，2014 (10).

[96] 谢启文. 新生代女性农民工就业状况及对策分析 [J]. 改革与战略，2015 (6).

[97] 邱雯婕. 新生代女性农民工就业问题探究 [J]. 中国市场，2016 (27).

[98] 徐放，谭明. 新生代女性农民工职业适应性调查研究 [J]. 职教论坛，2015 (33).

[99] 孙琼如，侯志阳. 新媒体赋权与新生代女性农民工的职业发展 [J]. 东岳论丛，2016 (7).

[100] 石纨雯. 新生代女性农民工城市融入问题困境与对策研究 [J]. 昆明学院学报，2016 (5).

[101] 徐放. 新生代女性农民工工作压力与职业倦怠关系研究 [J]. 职业技术教育，2016 (7).

[102] 范美，邓永辉. 山东省肥城市新生代女性农民工劳动权益问题分析 [J]. 商业经济，2016 (8).

[103] 罗恩立. 新生代农民工就业能力问题初探：一个分析的框架 [J]. 经济问题探索，2010 (3).

[104] 罗恩立. 新生代农民工就业能力的评价指标体系研究 [J]. 华东理工大学学报（社会科学版），2010 (1).

[105] 刘俊威. 我国新生代农民工就业能力内涵与特征研究 [J]. 安徽农业科学，2012 (8).

[106] 孙慧. 新生代农民工就业能力探讨 [J]. 太原城市职业技术学院学报，2013 (8).

[107] 孙友然，焦永纪，张新岭，江游. 我国新生代农民工就业能力提升问题及对策研究——以长三角为例 [J]. 江淮论坛，2014 (2).

[108] 金晶，刘丽. 新生代农民工城市就业能力再造的路径选择——

基于江苏的调查分析 [J]. 调研世界, 2015 (2).

[109] 陈至发, 郭如平, 赵欢君. 经济转型升级背景下新生代农民工就业能力提升行为研究 [J]. 绍兴文理学院学报 (哲学社会科学), 2014 (6).

[110] 赵丽燕, 曹梦霞, 张翔宇, 陈斌煜, 姜和忠, 徐卫星. "民工荒"荒哪儿了? ——基于长三角新生代农民工就业能力的视角 [J]. 时代金融, 2017 (2).

[111] 刘叶云, 游钊. 中国新生代农民工就业能力评价体系的构建 [J]. 湖南农业大学学报 (社会科学版), 2011 (2).

[112] 马云献. 新生代农民工就业能力评估及代际差异——基于河南的调查 [J]. 郑州航空工业管理学院学报, 2011 (6).

[113] 高建丽, 张同全. 新生代农民工就业能力量化评价体系的构建 [J]. 西北人口, 2013 (2).

[114] 张学敏, 李泓欣. 基于 ANP 的新生代农民工就业能力评价体系 [J]. 现代交际, 2014 (7).

[115] 张秋秋, 金刚. 新生代农民工就业能力影响因素的最优尺度分析——以沈阳市为例 [J]. 农业经济, 2012 (11).

[116] 吴闯, 杜文. 江苏省新生代农民工就业能力的影响因素及改良路径分析——基于江苏省苏州市、南通市、宿迁市的调查分析 [J]. 现代经济信息, 2014 (7).

[117] 高春雷, 李长安, 石丹淅. 新生代农民工就业能力影响因素研究 [J]. 经济管理, 2015 (12).

[118] 陈至发. 新生代农民工就业能力影响因素分析 [J]. 调研世界, 2015 (6).

[119] 汪霞, 李东琴. 新生代农民工就业能力提升的自身因素分析——基于对北京市新生代农民工的调查数据 [J]. 技术与市场, 2011 (7).

[120] 刘晶晶. 个体因素对新生代农民工就业能力的影响——以沈阳市为例 [J]. 农业经济, 2015 (6).

［121］钟在明，李朝敏，蒙维洋．新生代农民工就业能力与产业发展需求的差距及对策［J］．农村经济与科技，2011（8）．

［122］李群，杨东涛，陈郁炜．产业转型升级背景下的新生代农民工失业和离职——基于就业能力的分析框架［J］．华东经济管理，2014（12）．

［123］孙红燕．提升农民工进城就业竞争力与公平竞争机制的构建［J］．消费导刊，2008（4）．

［124］吕秋颖．后人口红利时代提高新生代农民工就业竞争力的实证分析［J］．赤峰学院学报（自然科学版），2012（7）．

［125］王丽萍，王郁美，罗发恒．农民工职业规划意识与就业竞争力相关性研究［J］．湖南农业大学学报（社会科学版），2015（2）．

［126］刘叶云，李明贤．新生代农民工就业竞争力的影响因素研究——基于湖南省 278 名农民工的经验分析［J］．湖南农业大学学报（社会科学版），2015（2）．

［127］余秀萍．不断完善职业技能培训机制，提高新时代农民工就业竞争力［J］．大众科技，2017（1）．

［128］金明，霍晓荣，胡晓坤．产业结构调整与就业结构变化关系的研究——以四川省为例［J］．调研世界，2017（3）．

［129］伍学林．四川省产业结构调整对就业结构的影响［J］．社会科学研究，2011（4）．

［130］肖昕茹．我国产业结构与就业结构协调性的区域差异研究——对上海、安徽、重庆的比较分析［J］．西部论坛，2013（3）．

［131］朱冬梅，胡箫丽．四川省产业结构与农民工就业的相关性分析［J］．经营与管理，2011（3）．

［132］邱高会．绿色发展理念下四川产业结构绿色转型研究［N］．统计与管理，2016（8）．

［133］朱杰，吕家发，顾卫东．小城市失地农民就业现状及对策［J］．

现代农业科技，2012（23）.

［134］戴年红，李石新，熊云．我国失地农民面临的困境及应对措施探讨［J］．农村经济与科技，2012（7）.

［135］魏瑞清．发达国家征地补偿标准、促进失地农民就业的具体措施及对我国的启示［J］．中国管理信息化，2013（1）.

［136］田宜国，崔永军．吉林省新生代失地农民工可持续生计问题研究的几点思考［J］．湘潮月刊，2013（7）.

［137］陈建宏，朱维魁，陈冬梅，李博．失地新生代农民工职业技能培训现状与对策分析［J］．安徽农业科学，2014（7）.

［138］刁琳琳．京津冀协同发展中的北京市产业结构转型与升级问题［J］．领导之友，2016（3）.

［139］马士龙，张来成．北京产业结构接近发达国家水平［J］．数据，2006（5）.

［140］张雄．劳动参与率理论发展综述［J］．重庆工商大学学报（西部论坛），2007（4）.

［141］郭砚莉，汤吉军．东北老工业基地女性就业理论与对策研究［J］．东北亚论坛，2010（11）.

［142］李志伟，仉媛．北京市三次产业结构与就业结构关系及影响机制研究［J］．中国劳动关系学院学报，2015（4）.

［143］［美］西奥多・W・舒尔茨．论人力资本投资［M］．吴珠华，译．北京：经济学院出版社，1990.

［144］王竹林，范维．人力资本视角下农民工市民化能力形成机理及提升路径［J］．西北农林科技大学学报（社会科学版），2015（2）.

［145］仇兰兰．德国职业能力开发研究［D］．重庆：西南大学，2014.

［145］刘婷婷．从德国职业教育“双元制”谈我国《职业教育法》的修订［J］．学理论，2012（36）.

［146］魏晓锋，张敏珠，顾月琴．德国“双元制”职业教育模式的特点及启示［J］．国家教育行政学院学报，2010（1）．

［147］高玉萍．德国职业教育关键能力的培养及对我们的启示［J］．金华职业技术学院学报，2010（1）．

［148］何杨勇．德国双元制职业教育发展中的公平问题［J］．高等教育研究，2017（3）．

［149］KUPEER A. The Socio-political Significance of Changes to the Vocational Education System in Germany［J］. British Journal of Sociology of Education, 2010（1）．

［150］汪建强．试析英国“青年新政”计划［J］．特区经济，2007（2）．

［151］李志刚．英国促进青年就业的措施及对我国的启示［J］．青年探索，2008（6）．

［152］罗恩立．英国青年就业新政的政策路径、制度设计及对我国的启示——以提升可雇佣能力为导向［J］．兰州学刊，2010（1）．

［153］姜平．德国职业教育关键能力培养对我们的启示［J］．唐山学院学报，2011（3）．

［154］尹奎，王文娟，张凯丽．新生代农民工培训问题研究——基于个体企业的微观视角［J］．中国人力资源开发，2014（19）．

［155］王强，王树娟，娄玉花．中小企业对新生代农民工需求及培训意愿调查［J］．中国成人教育，2014（20）．

［156］周毕芬．农民工就业培训中的政府职能分析［J］．学院学报，2014（1）．

［157］栩凌，王春稍．缺位或越位：农民工培训中的政府角色研究［J］．经济问题，2014（9）．

［158］谢传会．新生代农民工培训意愿高参与率低的悖论分析［J］．湖北经济学院学报（人文社会科学版），2014（9）．

[159] 胡美云，曾国平．新生代农民工培训意愿影响因素再检验——来自重庆市调研数据的分析［J］．职业技术教育，2014（19）．

[160] 马世英，崔宏静，王天新．新生代农民工职业培训支付意愿的影响因素［J］．人口学刊，2014（3）．

[161] 韩娟．新生代农民工职业培训消费意愿的实证研究——基于亚阶层、职业期待与消费认知的角度［J］．教育发展研究，2017（5）．

[162] 娄玉花，徐公义．开展新生代农民工教育和培训模式的研究［J］．中国职业技术教育，2013（30）．

[163] 李婷．新生代农民工职业培训模式研究［D］．秦皇岛：河北科技师范学院，2013．

[164] 朱琪佳．新生代农民工就业培训模式探析——期望理论视角［J］．人力资源管理，2014（9）．

[165] 梁卓欣．新生代农民工职业教育多元培训模式构建［J］．继续教育研究，2016（8）．

[167] 李海云．浅析我国新生代农民工职业技能培训模式的构建［J］．当代经济，2017（9）．

[168] 拉青措．建筑业新生代农民工就业培训模式探讨［J］．人力资源管理，2017（6）．

[169] 周小刚．新生代农民工职业培训质量及其提升路径［J］．江西社会科学，2014（7）．

[170] 陈京．河南省新生代农民工培训实效研究——基于河南省 4 个城市的调查［J］．农业经济，2015（9）．

[171] 赵蒙成，李丹阳．职业培训对新生代农民工就业质量影响调查研究——基于 SZ 市新生代农民工的案例研究［J］．职业技术教育，2016（1）．

[172] 张晓恒，朱战国，刘余，周应恒．职业技能培训与新生代农民工收入增长——基于倾向得分匹配模型的分析［J］．统计与信息论坛，2017（3）．

［173］赵苓妃．新生代农民工职业培训的问题与对策研究［D］．长沙：湖南师范大学，2011.

［174］尹奎，王文娟，张凯丽．新生代农民工培训问题研究——基于个体企业的微观视角［J］．中国人力资源开发，2014（19）.

［175］勒伟．城镇化进程中新生代农民工就业培训问题研究［J］．成人教育，2016（8）.

［176］魏蔚．众创时代新生代农民工创业培训的困境与对策探析［J］．农业经济，2017（2）.

［177］吕莉敏，马建富．新生代农民工教育培训需求及策略探究［J］．中国职业技术教育，2010（33）.

［178］李群山，孙霞．新生代农民工教育培训供求现状及解决策略：基于福州市224名新生代农民工的调查［J］．职业技术教育，2012（22）.

［179］张海枝．新生代农民工就业培训的需求与供给问题实证分析［J］．农村经济与科技，2014（3）.

［180］汪昕宇，陈雄鹰．北京新生代农民工培训现状与需求倾向分析［J］．人力资源管理，2016（1）.

［181］朱珠，闫佳祺，贾建锋．城镇化进程中新生代农民工职业教育培训需求的影响因素研究——基于辽宁省调查数据的分析［J］．东北大学学报（社会科学版），2017（4）.

［182］徐建军．我国农民工就业培训模式研究［D］．成都：西南财经大学，2013.

［183］周曼．河北省农村劳动力转移培训阳光工程实施效果调查与对策研究［D］．保定：河北农业大学，2012.

［184］刘晓博．河南省雨露计划的研究［D］．郑州：河南大学，2013.

［185］詹满琳．海南省农民阳光工程培训研究［D］．长沙：湖南农业大学，2014.

重要术语索引表